LO QUE LOS DEMAS PIENSAN SOBRE
LAS CINCO CLAVES

"Este libro es una lectura divertida. Explora un poco de historia y luego desarrolla los elementos de mejora continua, reduciéndolo a cinco claves básicas. Incluye un par de ejemplos de casos que ayudan a resaltar y explicar las cinco claves. Animo a las personas interesadas en establecer una base sostenible de mejora continua dentro de su empresa a que lean este libro y se iluminen con el. Seguro que usted obtendrá una perspectiva más amplia, nueva e interesante. Disfrute la lectura ".

Dr. Gerhard Plenert, PhD
Ex misionero, Misión Filipinas San Pablo,
Ex Director de Educación Ejecutiva, Premio Shingo
Instituto, Universidad Estatal de Utah

"¡Jim y David llegan al núcleo de la Mejora Continua con este libro! Han aprovechado sus muchos años de experiencia y realmente han acertado en lo que se necesita para tener éxito con los esfuerzos de mejora en cualquier organización. Mediante el uso de ejemplos y principios claros para comprender, usted también puede lograr mejoras sostenibles reales aplicando este libro a su viaje de mejora. ¡Recomiendo encarecidamente las Cinco Claves para que todos los líderes de cualquier nivel de una organización lean este tesoro y apliquen sus muchas gemas a sus propios esfuerzos de mejora! "

Jeff Watson, ingeniero senior
y Mejora / Líder bISO 9001

"Lo consideraría una" lectura obligada para los líderes que buscan iniciar una iniciativa de mejora continua o para aquellos

que se preguntan: ¿estamos obteniendo los resultados que esperamos?"

Joseph W. Simkulak, CPA, CPIM
Director financiero, Intermetro Industries

"Felicitaciones a Jim y David McNeil por esta contribución práctica y atractiva al cuerpo de literatura sobre la mejora de procesos. Después de haberme asociado con Jim durante más de dos décadas en una variedad de iniciativas de desarrollo de liderazgo, visión y planificación estratégica, sé de primera mano que las lecciones compartidas en Las Cinco Claves pueden ayudar a cualquier organización comprometida con la mejora de procesos sostenibles. En una era en la que la "disrupción" se ha convertido en una consideración constante, este libro es un recurso bienvenido para cualquier líder que busque obtener una ventaja competitiva".

Sukari Pinnock-Fitts, MSOD, PCC
Shiftwork, LLC
Profesor, Programa de Maestría en Recursos Humanos,
Georgetown Universidad,
Escuela de Estudios Continuos

"A lo largo de mi carrera he participado en numerosas iniciativas de mejora continua. Tuve la oportunidad de trabajar con Jim y David McNeil y experimenté su pasión por la Mejora y su comprensión de las técnicas para desencadenarla en otros. Si bien muchos programas se enfocan en principios lean, esas habilidades técnicas son solo el comienzo. Jim y David tienen una forma de enseñar que la sostenibilidad solo ocurre cuando se aborda el elemento humano, "la cultura". Este libro cubre las muchas facetas que deben entenderse para lograr la transformación y tener éxito a largo plazo".

"Estrategias del mundo real para el cambio organizacional. Este libro es una lectura obligada para todo líder comprometido con las mejoras sostenibles ".

Brian DeWyngaert, jefe de personal,
Federación Estadounidense de Empleados del Gobierno

LAS

CINCO

CLAVES

PARA LA MEJORA CONTINUA

Libere El Potencial De Su Organización

David & Jim McNeil

Las Cinco Claves para la Mejora Continua: Desbloquee el Potencial de Su Organización

Límite de responsabilidad / Renuncia de garantías

ISBN: 978-1-7364053-3-8

AGRADECIMIENTOS

Reconocemos con enorme gratitud a quienes han compartido con nosotros su conocimiento, experiencia y pasión por llevar el cambio a organizaciones e individuos de todo el mundo. Es en su espíritu que compartimos con ustedes lo que hemos aprendido. Agradecemos:

Nuestros muchos clientes, quienes, durante los últimos 30 años, confiaron en nosotros para trabajar con ellos en la creación de organizaciones de talla mundial.

Nuestros colegas y socios de Competitive Dynamics International, quienes nos animaron a perseverar en la redacción de este libro y durante más de una década compartieron generosamente sus experiencias y conocimientos con nosotros.

Allen Sievertsen, Jack Mihalko, Jillian Kriger, George Byrne, Thom McNeil y Dan McNeil leyeron los primeros borradores de este trabajo y brindaron consejos honestos y reflexivos. Sus contribuciones son dignas de mención y verdaderamente apreciadas.

Doug Williams es nuestro editor y sus consejos, críticas y atención a los detalles nos han guiado a la hora de escribir y reescribir este libro. Sus contribuciones no pueden ser exageradas.

Bobbie R. Deen, diseñadora gráfica, proporcionó magníficos gráficos que se publican en todas partes.

Por último, queremos agradecer especialmente a los miembros de nuestra familia que nos apoyaron y nos animaron a continuar. La familia se ocupó de las muchas obligaciones y tareas de la vida diaria mientras escribíamos en reclusión. No podríamos haber completado nuestro trabajo sin ellos. Un agradecimiento especial a Pauline y a Beth.

PREFACIO

POR DREW MARK BUTLER

He pasado toda mi vida en manufactura y operaciones, comenzando como operador de máquina y avanzando a mi puesto actual como Vicepresidente de Operaciones. El único tema común durante toda mi carrera fue un impulso para mejorar las cosas y no estar satisfecho con el status quo. Hay algunos casos en mi vida en los que puedo recordar momentos que cambiaron la dirección de mi carrera, graduarme de la universidad mientras trabajaba a tiempo completo, trabajar con el Sr.Shimbo de Shingijutsu, convertirme en examinador de Shingo y conocer a Jim y David McNeil.

No hay muchas personas con las que te encuentres en tu vida que realmente marquen una diferencia en el mundo. Honestamente puedo decir que Jim y David McNeil han hecho una diferencia en la mía. Estoy emocionado de que usted lea este libro para que pueda conocerlos como yo y experimentar la autenticidad, la calidez y el increíble conocimiento que poseen. Entonces le desafío a que experimente con sus pensamientos e ideas para mejorar su mundo. Cuando la gente me dice lo difícil que es cambiar sus organizaciones, siempre utilizo ejemplos del tiempo de Jim como presidente de la UAW para ilustrar el cambio en un entorno difícil.

El formato de este libro es excelente, cada capítulo explora diferentes temas que son críticos para implementar el cambio. Se discuten en un orden que maximizará los resultados para su organización. Por ejemplo, en el capítulo uno sientan las bases de la mejora continua y dan una breve historia de la misma. Me gustó especialmente este capítulo porque analiza la interconexión de los sistemas y departamentos y cómo es fundamental que los profesionales entiendan para crear esa Cultura de Mejora Continua, ¡todos los días, en todas partes! En otras palabras, no se puede cambiar uno sin afectar a muchos. El capítulo uno tiene grandes ideas sobre cómo implementar comportamientos específicos y una cultura que respaldará las herramientas y sistemas de mejora continua.

Una sección importante del libro es el Capítulo Dos, donde se discuten las Cinco Claves. Su ejemplo de cómo dos sitios idénticos obtuvieron dos resultados diferentes en su viaje de mejora continua mientras básicamente usaban el mismo plan de implementación, sistemas y herramientas es fascinante. Las 5 claves que discuten son ideas a las que a menudo me refiero cuando la gente me pregunta "¿Por dónde empiezo con el cambio? ¿Cómo creo una cultura de mejora continua?".

Si usted es como yo, se encontrará leyendo este libro repetidamente y usándolo como referencia en su viaje. Mientras leía este libro, me trajo muchos buenos recuerdos del tiempo que pasé con Jim y David y sus enseñanzas. Uno de los mejores recuerdos que tengo con ellos es trabajar con ellos para involucrar a la fuerza laboral en mi organización. Queríamos que todos disfrutaran de su trabajo y se sintieran parte de un propósito importante; el proceso fue estimulante. Este libro ha capturado la "magia" que impactó en mi mundo.

Drew Mark Butler,
Vicepresidente de Operaciones, Signs.com
Examinador de Shingo y Facilitador certificado de Shingo
Salt Lake City, Utah
Noviembre de 2020

DEDICACIÓN

Este libro **está escrito para las decenas de miles de personas encargadas de liderar los esfuerzos de mejora continua para su negocio, organización o asociación.** Esta legión está formada por líderes que van desde CEOs hasta empleados en la línea de frente. Sus responsabilidades van desde el desarrollo e implementación de planes estratégicos hasta la búsqueda de oportunidades de mejora incremental. No importa dónde se encuentre en este amplio espectro (CEO, línea de fretne o los cientos de puestos intermedios), su futuro y el de su organización se ven directamente afectados por el éxito que tendrá usted y sus colegas. Para asegurarnos de que todos hablamos el mismo lenguaje, usamos la frase Mejora Continua o CI (haciendo referencia al término en inglés) en todo el libro como un término general para las iniciativas de mejora continua sostenibles, como: Mejora de Procesos, Excelencia Operacional, Gestión de Calidad Total, Producción Lean, Sistema de producción Toyota (TPS), Mejora del Desempeño, Excelencia de Procesos, Kaizen, Aseguramiento de la Calidad, Efectividad Estratégica y otros títulos para programas continuos dedicados a mejorar las funciones y procesos de una organización.

Diferenciamos entre los programas de mejora, adoptados y titulados por diversas organizaciones, de la amplia gama de "herramientas" de mejora como: TQM, A3, Seis Sigma, 5S, FIFO o PEPS, Heijunka, PDCA, Standard Work o Trabajo Estándar, Kanban, Value Stream Mapping (VSM), Hoshin Kanri, Controles Visuales, etc.

SOBRE LOS AUTORES

Jim McNeil, izquierda y David McNeil

DAVID McNEIL es el Director de Mejora Continua, Norteamérica en Competitive Dynamics International (CDI), una empresa de consultoría con clientes, pasados y presentes, en más de 80 países y más de 3,000 lugares de trabajo. CDI se dedica a implementar, mantener y desarrollar iniciativas de mejora continua en todo el mundo. Durante más de una década, ha guiado a decenas de organizaciones en su búsqueda de la mejora continua, el compromiso de los empleados y el cambio cultural intencional.

JIM McNEIL es un especialista en cambio organizacional que aporta cuatro décadas de experiencia práctica al trabajo. Ha brindado asistencia a organizaciones en los Estados Unidos y Europa desde la sala de juntas hasta las líneas del frente. Sus clientes incluyen: corporaciones, organizaciones sin fines de lucro, agencias gubernamentales y sindicatos. La experiencia en la industria incluye: servicios, fabricación, atención médica, farmacéutica, telecomunicaciones y de tecnología avanzada.

Deseamos agradecer sinceramente a nuestras colegas Rosa Zapata y Cheryl Jones. Rosa, por sus consejos y dedicación al traducir la versión en inglés de nuestro libro al español, una tarea que no fue fácil. Además, un agradecimiento especial a Cheryl Jones, quien continúa brindando apoyo continuo organizando nuestro material y ayudándonos durante todo el proceso de redacción.

CONTENTS

INTRODUCCIÓN

Si alguna vez hubo un momento en el que se demostraron los beneficios de desarrollar y mantener una cultura versátil, involucrada, innovadora y comprometida, se demostró durante los días más desesperados después del brote del virus Covid-19. Empresas tan lejanas como las comunidades de equipos médicos y de atención hospitalaria hasta los fabricantes de automóviles, indumentaria, aspiradoras, bolsas de aire, productos electrónicos y docenas de otras especialidades transformaron rápidamente sus capacidades de fabricación para salvar vidas.

Estas docenas de diversas empresas, casi de la noche a la mañana, cambiaron la producción de sus líneas de productos tradicionales a ventiladores, protectores faciales, batas reutilizables, respiradores, mascarillas y kits de prueba necesarios para proteger a los trabajadores de la salud y salvar la vida de decenas de miles de enfermos y moribundos.

La pandemia global Covid-19, al igual que otras crisis globales, trajo cambios estructurales en organizaciones de todo tipo durante los próximos años. Vemos ejemplos dramáticos de cómo la educación, los viajes, las compras, la recreación, el tratamiento médico, la producción de alimentos, las cenas e incluso las casas de culto se han adaptado. Del mismo modo, a medida que otras industrias y organizaciones emergieron de la cuarentena, también se vieron desafiadas de manera similar a crear su nueva normalidad.

Una pandemia como esta destaca dramáticamente la imprevisibilidad del cambio y la rapidez con que nos puede sobrepasar. Ser capaz de pivotar, adaptarse y prosperar, independientemente de los desafíos y obstáculos enfrentados, es vital para todas las organizaciones exitosas y sus miembros.

Si bien algunos pueden considerar la capacidad de girar rápidamente como un milagro, aquellos de nosotros en el campo de la mejora continua vemos esto como uno de los muchos beneficios asociados con una cultura vibrante de compromiso de los empleados. Esta cultura que permite a los empleados identificar y resolver problemas, innovar y adaptarse ya no es una opción, sino un requisito previo.

El Rompecabezas de la Mejora de Procesos

Organizaciones de todo el mundo han lanzado, de una forma u otra, cientos de miles de iniciativas de mejora durante los últimos 25 años. Estos esfuerzos fueron concebidos con las mejores intenciones y equipados con personas capaces para liderar la carga. Desafortunadamente para muchos, sus esfuerzos no alcanzaron el impacto final deseado y muchas mejoras simplemente no fueron sostenibles.

Durante las últimas dos décadas, hemos investigado y analizado las razones por las que algunos esfuerzos de mejora generan grandes resultados y por qué otros se quedan cortos. **A través de prueba y error, hemos explorado diferentes estrategias, diseños, métodos y herramientas y, con el tiempo, nos hemos concentrado en los aspectos específicos de la mejora continua que consideramos más críticos para el éxito sostenible.**

Por qué escribimos este libro: "Resolviendo el Rompecabezas"

En el transcurso de una década, mientras trabajábamos con un cliente en dos "plantas hermanas" ubicados a unos 160 kilómetros de distancia, obtuvimos resultados muy diferentes. Estas instalaciones de fabricación estaban ubicadas en comunidades similares, producían exactamente el mismo producto, con exactamente el mismo equipo y tecnología. Reportaban a la misma jerarquía corporativa, dependían de las mismas redes de apoyo internas y tenían los mismos proveedores y clientes.

Dadas las similitudes de estos dos sitios, se esperarían resultados similares, no exactos, pero similares. Si solo eso fuera cierto ... Un sitio se convirtió en el modelo norteamericano de la empresa para la mejora continua, mientras que el otro sitio luchó con un rendimiento mediocre o deficiente, mayores violaciones de seguridad interna y una mayor rotación. ¿Cómo es posible? ¿Por qué los resultados fueron tan diferentes? ¿Por qué fue un placer trabajar en un sitio y un desafío constante y cuesta arriba en el otro? ¿Qué nos estábamos perdiendo?

Como consultores para ambas plantas, reflexionamos continuamente sobre este dilema, compartiendo nuestro enigma con otros miembros de nuestro grupo de consultoría internacional. En conjunto, nuestro equipo de consultoría internacional con 20 años de ejercicio y clientes en 80 países de todo el mundo, hemos lanzado iniciativas de mejora continua en más de 3000 sitios de clientes diferentes. Cada miembro de nuestro grupo ha experimentado la alegría y el orgullo asociados con los grandes éxitos y ha sufrido la decepción por los resultados mediocres. ¡Estábamos decididos a descubrir las razones!

Cuanto más trabajábamos en este desafío en tiempo real, más reconocíamos la necesidad de resolver este rompecabezas. Al hacerlo, podríamos descubrir el eje para muchas organizaciones que se embarcan en el viaje de la mejora. Teníamos que encontrar la respuesta.

Decidimos concentrarnos en identificar y estandarizar los aspectos más críticos que apuntalan nuestras iniciativas de mejora de procesos más exitosas. Independientemente de la mejora específica en la que se embarque una organización, descubrimos que la combinación de ciertos principios de la ciencia del comportamiento con *cinco componentes estratégicos*, a los que nos referimos como *las cinco claves*, puede transformar una cultura complaciente en una comprometida con la mejora continua. En este libro, le presentamos nuestros aprendizajes de una manera que le permita implementarlos en su lugar de trabajo.

Lo que no es este libro

Este libro no aboga ni explora la amplia gama de diferentes metodologías, procesos y herramientas Lean de mejora continua. Los libros sobre estos temas se alinean en los estantes de la sección comercial de la mayoría de las librerías. En nuestra experiencia, estos diversos enfoques e instrumentos pueden proporcionar y brindan una tracción real para complementar sus esfuerzos de mejora.

Demasiadas organizaciones se centran casi por completo en herramientas y técnicas y aparentemente dan por sentada la mayor variable: las personas. Hemos aprendido la contradicción de este enfoque. Vemos las herramientas de mejora principalmente como un complemento de las PERSONAS que hacen el trabajo. Nos concentramos, en nuestros esfuerzos de cambio y en nuestra redacción, en el único aspecto que es central y está en el corazón de todos los esfuerzos de mejora: *el elemento humano.*

SECCIÓN 1

RAÍCES

En nuestras décadas liderando esfuerzos de mejora, nos hemos encontrado con algunos conceptos y modelos bien conocidos y algunos menos conocidos que hemos encontrado que son fundamentales y necesarios en nuestro trabajo con una variedad de clientes.

Como líderes de mejora continua, es vital adoptar una "mentalidad de aprendizaje continuo". Este enfoque de su trabajo le brinda a usted y a su organización oportunidades ilimitadas para recopilar conocimientos de su experiencia, oportunidades educativas formales e informales, sesiones de capacitación, interacción con otros en el campo, así como con sus colegas de trabajo.

Cada nueva iniciativa de mejora crea la oportunidad de aprender y crecer, ya que las personas, el entorno, el desafío de la mejora y el trabajo en sí son algo diferentes.

Obviamente, no puede saber algo hasta que lo aprende, pero ¿adónde va y con quién habla para obtener esta comprensión? Creemos que este libro puede ayudar.

La sección Raíces presenta varios segmentos cortos que contienen una colección de historia, investigación, aprendizajes experimentales y enseñanzas de las ciencias del comportamiento que nos han permitido impulsar los esfuerzos de mejora y ayudar a las organizaciones a establecer sus propias bases para la mejora continua. Incluyen:

▶ La Cronología de la Mejora Continua

▶ Sistemas Empresariales

▶ La Fórmula del Cambio

▶ La Difusión de la Innovación

▶ Cultura

MEJORA CONTINUA

Mejora continua: Una filosofía y un enfoque empresarial dedicados a la mejora continua de procesos, productos y servicios. Los esfuerzos se centran en cambios para mejorar, tanto incrementales como revolucionarios.

"La mejora continua no se trata de las cosas que haces bien, eso es trabajo. La mejora continua consiste en eliminar las cosas que se interponen en su trabajo. Los dolores de cabeza, las cosas que te ralentizan, de eso se trata la mejora continua ".

Bruce Hamilton, director emérito del Instituto Shingo

HISTORIA DE LA FILOSOFÍA DE MEJORA CONTINUA

Primeros Años	1920 - 1980	1985 - 2015
Eli Whitney c. 1790 Idea de partes intercambiables.	Walter Shewhart c. 1920 Control Estadístico – Cartas de Control	Bill Smith c. 1986 Ingeniero Motorola, "Seis Sigma"
Frederick Taylor C 1890	"Gestión Total de la Calidad"	Womack, Jones & Roos c. 1990

Primeros Años	1920 - 1980	1985 - 2015
Tiempo y Movimientos "Gestión Científica"	Joseph M. Juran c. 1930 "Manual del Control de Calidad".	"La máquina que cambió al mundo" – Pensamiento Lean.
Frank Gilbreth c. 1911 Gráficos de Procesos – Estudios de Movimientos	W. Edward Deming c. 1950 "Ciclo PDCA", "14 puntos"	Allied Signal & Maytag c. 1990 Independientemente desarrollaron sistemas combinando conceptos "Lean Seis Sigma"
Lilian Gilbreth c. 1915 Psicóloga Industrial Producción / Eficiencia	Sakichi Toyoda c. 1960 Fundador de la industria Toyota, "Producción Justo a Tiempo"	TBM Consulting Group c. 2010 "Lean Sigma"
Henry Ford c. 1910 Línea de montaje en movimiento.	Taichi Ohno c. 1970 "Sistema de Producción Toyota"	

La Evolución de la Mejora de Procesos

El concepto de implementar mejoras siempre ha sido un factor instintivo en la naturaleza humana y parte de nuestra historia humana desde los hombres de las cavernas. Es de sentido común encontrar formas de facilitar el trabajo y hacer que las mejoras sean sostenibles.

En el gráfico anterior, puede ver los "cambios de juego" en la evolución de la mejora de procesos que se remonta al siglo XVIII. Estos "avances" ocurrieron raras veces, pero remodelaron drásticamente las industrias donde se originaron. Pero fue en la era posterior a la Segunda Guerra Mundial cuando la noción de "mejora continua" comenzó a entrar en el léxico de la corriente principal y pasó de inventores y teóricos a una audiencia principal que involucraba a trabajadores en las líneas del frente.

La Mejora Continua Gana Terreno

La Mejora Continua (CI) o Procesos de Mejora Continua (CIP) se aceleraron notablemente en Japón después de la Segunda Guerra Mundial. Las industrias japonesas fueron diezmadas durante la guerra y Estados Unidos proporcionó expertos para ayudar con la reconstrucción. Uno de varios expertos, enviados por los Estados Unidos, fue el Dr. W. Edwards Deming, un estadístico estadounidense, enviado originalmente a Japón para ayudar con el trabajo del censo. Durante la Segunda Guerra Mundial, Deming fue miembro del Comité Técnico de Emergencias, un grupo encargado de desarrollar métodos estadísticos para el control de calidad de materiales y productos, y enseñó Control Estadístico de Procesos (CEP) a los fabricantes involucrados en la producción de materiales de guerra de los Estados Unidos. . Sobre la base de su experiencia durante la guerra de mejorar la calidad y reducir el desperdicio, fue contratado para ayudar a los japoneses en sus esfuerzos de reconstrucción de manufactura.

Deming introdujo su marca de control de procesos estadísticos, control de calidad y el "Ciclo Shewhart", que evolucionó hacia el proceso Planificar-Hacer-Estudiar-Actuar a los líderes industriales japoneses. Ciertamente, Deming no fue la única inspiración para ayudar a los japoneses a reconstruir sus industrias; sin embargo, Deming fue implacable en su enfoque en mejorar la calidad, eliminar el desperdicio y eliminar los pasos sin valor agregado en el proceso de fabricación. Instó a las empresas a centrarse en optimizar sus procesos mediante la participación de sus trabajadores de primera línea en estos esfuerzos de mejora. El enfoque se conocía en Japón como "kaizen", traducido literalmente como "mejora".

Durante la década de 1950, los productos japoneses tenían una reputación mundial por su bajo costo y mala calidad, y muchos occidentales se burlaban de ellos como "basura". Pero para que Japón alguna vez se recupere económicamente como nación, sus líderes sabían que su éxito estaba directamente relacionado con su capacidad para exportar. Y, para poder exportar con éxito, sabían que sus productos deben reflejar alta calidad y producirse de manera rentable.

Deje que los Buenos Tiempos Empiecen

Mientras Japón se encontraba en medio de su revolución industrial, la industria estadounidense prestó poca atención, y por buenas razones. Durante la guerra y posteriormente, Estados Unidos se convirtió en un gigante de la fabricación. A lo largo de la guerra, los métodos de producción en masa se habían perfeccionado y, cuando terminó, los consumidores estadounidenses estaban hambrientos de todo nuevo. Entre 1945 y 1949, los estadounidenses compraron 20 millones de refrigeradores, 21,4 millones de automóviles y 5,5 millones de estufas. En la década de 1950, las ventas de televisores y automóviles se dispararon[1].

Prácticamente todos los artículos que construyó la industria estadounidense se venderían, y el gasto voraz de los consumidores continuaría durante las décadas de 1950 y 1960. Debido a la falta de rivales de la industria estadounidense, los fabricantes no estaban interesados en la mejora de procesos o los controles de calidad, y optaron por una mayor producción.

La calidad y el costo no eran un problema: las industrias estadounidenses podían vender cualquier cosa que produjeran y el aumento de los costos de producción pasaría directamente a los consumidores insaciables. En este entorno, no fue sorprendente que la industria estadounidense no buscara mejoras y, en cambio, siguiera el enfoque de "si no está roto, no lo arregle".

Por el contrario, durante las décadas de 1960 y 1970, los fabricantes japoneses se distinguieron en la producción de textiles de alta calidad, electrónica de consumo, cámaras, relojes,

---

1 The American Experience. "The Rise of American Consumerism". Library of Congress.

electrodomésticos y automóviles. Los productos de Japón, antes considerados "baratos" o de "mala calidad", ahora se han convertido en líderes del mercado.

Sony y Panasonic comenzaron a dominar la industria de la electrónica, mientras que Toyota y Honda fabricaban y exportaban vehículos más pequeños y de alta calidad que ahorran combustible. De las cenizas de la guerra, Japón fue reconstruido y se convirtió en la segunda economía más grande del mundo, solo superada por Estados Unidos, de 1968 a 2010[2].

Las Crisis del Petróleo de 1973 y 1979

La crisis del petróleo de 1973 comenzó en octubre de 1973 cuando los miembros de la Organización de Países Árabes Exportadores de Petróleo (OPEP) proclamaron un embargo de petróleo. El embargo estaba dirigido a naciones que se percibía apoyaban a Israel durante la Guerra de Yom Kippur. Las naciones objetivo inicialmente fueron Canadá, Japón, los Países Bajos, el Reino Unido y los Estados Unidos, luego se extendieron a Portugal, Rodesia (hoy Zimbabue) y Sudáfrica.

Al final del embargo en marzo de 1974, el precio del petróleo había subido casi un 400%, de 3 dólares por barril a casi 12 dólares en todo el mundo; Los precios estadounidenses fueron significativamente más altos. El embargo provocó una crisis del petróleo, o "conmoción", con muchos efectos a corto y largo plazo en la política y la economía globales[3].

Este "primer choque petrolero" fue seguido por un segundo. En 1979 se produjo una disminución de la producción de petróleo a raíz de la revolución iraní. Aunque los suministros solo disminuyeron en un 4%, el pánico generalizado provocó que los

---

2 Web-Japan n.d.

3 CBC News. Archived from the original on June 9 n.d. (Milestones 1969-1976 Oil Embargo n.d.)

precios del petróleo crudo se dispararan a casi $ 40 dólares el barril. Luego, en 1980, el estallido de la guerra entre Irán e Irak resultó en una grave escasez de producción que provocó recesiones en los Estados Unidos y otros países. Los precios del petróleo no descendieron a los niveles previos a la crisis hasta mediados de los años ochenta[4].

Cambio de Paradigma Global

Estos "choques petroleros" parecieron desencadenar un cambio de paradigma en todo el mundo y especialmente en Estados Unidos, Europa Occidental y Canadá. El combustible barato ya no era un hecho y, como resultado, los gustos de los consumidores comenzaron a cambiar para siempre. Los compradores de automóviles ahora exigían eficiencia de combustible y mayor calidad. Para los productores norteamericanos de automóviles y acero que se especializan en la producción de grandes volúmenes de vehículos grandes y sedientos de combustible, este cambio representó un cambio catastrófico en la demanda.

Si bien en el pasado se produjeron cambios tumultuosos en la fabricación y la tecnología (es decir, textiles, productos electrónicos, fábricas de prendas de vestir, minería), parece que este vuelco de las industrias automotriz y siderúrgica de EE. UU., Considerada el referente de la fabricación estadounidense, marcó un punto de inflexión que se extiende mucho más allá de estas dos industrias.

En poco tiempo, otros sectores comerciales comenzaron a experimentar demandas similares de los clientes de mayor calidad y precios más bajos. A medida que desaparecieron las barreras comerciales, el aumento de la competencia de todo el mundo

---

4 Vessela Chakarova and others. 2013. Federal Reserve History. November 22. Accessed 2020. https://www.federalreservehistory.org/essays/oil_shock_of_197 8_79

obligó a las empresas de diversos sectores comerciales a reinventar la forma en que se diseñarían y fabricarían los productos.

Los consumidores se habían despertado ante nuevas marcas y mercados. Entra en el advenimiento de la competencia global.

La Nueva Realidad

Durante las décadas siguientes, las presiones competitivas globales sobre las empresas y las industrias para mejorar continuamente aumentaron de manera constante. A medida que la tecnología, los procesos, el diseño y los servicios se volvieron fácilmente transportables, siguieron surgiendo competidores poco probables.

Algunas empresas descubrieron que ya no estaban ancladas en su país de origen y comenzaron a reubicarse para aprovechar los bajos salarios, la ausencia de regulaciones laborales y ambientales y costos de producción más baratos fuera de los EE. UU. Empresas de todo tipo tomaron nota ahora de su competencia global.

Y en todo el mundo, muchas empresas invirtieron sabiamente en la revitalización de sus instalaciones de fabricación y, al mismo tiempo, introdujeron prácticas de trabajo "esbeltas" inspiradas en Japón en sus lugares de trabajo.

Por lo tanto, es aquí donde nos encontramos hoy en día *en una competencia implacable para producir bienes y servicios de calidad de manera más rápida y rentable que nuestros competidores. Es aquí donde la mejora continua es invaluable.*

La Mejora Continua se Convierte en una Forma de Vida

Dada la dinámica cambiante de la competencia global, los líderes empresariales de hoy no deberían sentirse menos desesperados ni menos comprometidos que los líderes de Japón después de la guerra. Mejorar continuamente no es una opción, sino una necesidad. Para seguir siendo una organización viable hoy en día, debe mejorar continuamente. "Lo suficientemente bueno" no sostendrá a la mayoría de las organizaciones en el futuro. Hoy, se exige que todas las organizaciones mejoren continuamente. No hacerlo es un riesgo para la supervivencia de la institución.

La Mejora Continua es una metodología indispensable, esencial para que todo tipo de negocios compita de manera efectiva. CI es la piedra angular de una estrategia empresarial exitosa en todos los sectores y naciones. Deming nos brindó una filosofía empresarial exitosa que ha resistido la prueba del tiempo y que se puede aplicar en un hospital, banco o empresa papelera, en empresas Fortune 500 u organizaciones sin fines de lucro, en el sector público o privado.

Los Beneficios de la Mejora Continua

El impacto positivo de establecer una cultura de mejora continua dentro de su organización puede ser inmenso. Saltos sostenibles en rentabilidad, aumentos de volumen, calidad mejorada, costos reducidos, seguridad mejorada, innovaciones patrocinadas por los empleados y compromiso son algunas de las muchas ganancias citadas por nuestros clientes durante los últimos 25 años.

La Filosofía

La Mejora Continua o Kaizen es una filosofía, una forma de pensar, una cultura en el lugar de trabajo. Este enfoque busca continuamente identificar e implementar pequeños cambios incrementales para mejorar. Reconoce que las personas mejor posicionadas para hacer esto son las que están en la línea de frente, las personas que trabajan con el proceso a diario y pueden reconocer estas oportunidades. Por supuesto, no se desalientan las mejoras importantes en los procesos, pero estos avances ocurren con poca frecuencia y, a menudo, a un alto costo. Por el contrario, pequeñas mejoras a lo largo del tiempo pueden conducir a ganancias significativas para la organización. (ver los gráficos a continuación)

Características de Kaizen - Mejora Continua

▶ Un enfoque en muchas pequeñas mejoras a lo largo del tiempo.

▶ Muchas pequeñas mejoras a menudo superan a los grandes avances poco frecuentes.

▶ Las pequeñas mejoras generalmente requieren menores gastos de capital.

▶ Se pueden implementar rápidamente pequeñas mejoras.

▶ Las ideas de mejora con frecuencia provienen de la línea de frente: las personas más cercanas al trabajo.

▶ Es probable que los pequeños cambios encuentren menos resistencia.

▶ Los empleados y la gerencia de la línea de frente asumen una mayor responsabilidad - las personas apoyan lo que ayudan a crear.

La Esencia de la Mejora Continua

Si bien se encuentran disponibles muchos programas para la mejora continua, la esencia de CI sigue siendo la misma que los principios articulados por Deming hace casi 7 décadas:

"Mejorar constantemente y para siempre todos los procesos de planificación, producción y servicio"

- Dr. W. Edwards Deming

Esto se hace mediante:

▶ Desarrollar un liderazgo sólido.

▶ Involucrar a todos los empleados en sus esfuerzos.

▶ Alineación de objetivos a lo largo y ancho de la empresa.

▶ Exigir responsabilidad.

Proporcionar los recursos y la formación adecuados cuando sea necesario.En 1951, el Premio Deming fue establecido por la Asociación de Científicos e Ingenieros Japoneses - JUSE, en homenaje a Deming, reconociendo a las personas y empresas por su contribución al campo de la Gestión de la Calidad Total. En 1960, Deming fue galardonado con la Medalla de la Segunda Orden del Tesoro Sagrado por el emperador japonés Hirohito en honor a los logros en calidad.

David Salsburg[5] escribió:

"Ford Motor Company fue una de las primeras corporaciones estadounidenses en buscar ayuda de Deming. En 1981, las ventas de Ford estaban cayendo. Entre 1979 y 1982, Ford había incurrido en pérdidas por $ 3 mil millones. El recién nombrado Director de Calidad Corporativa de Ford, Larry Moore, fue el encargado de contratar a Deming para ayudar a impulsar un movimiento de calidad en Ford. Deming cuestionó la cultura de la empresa y la forma en que operaban sus gerentes. Para sorpresa de Ford, Deming no habló de calidad, sino de gestión. Le dijo a Ford que las acciones de gestión eran responsables del 85% de todos los problemas para desarrollar mejores automóviles. En 1986, Ford presentó una línea rentable de automóviles, la línea Taurus-Sable. En una carta a Autoweek, Donald Petersen, entonces presidente de Ford, dijo: "Estamos avanzando hacia la construcción de una cultura de calidad en Ford y los muchos cambios que han tenido lugar aquí tienen sus raíces directamente en las enseñanzas de

5 David Salsburg . Course Hero - Texas A&M University. https://www.coursehero.com/file/prdt5a/David-Salsburg-wrote-He-was-known-for-his-kindness-to-and-consideration-for/

Deming". Para 1986, Ford ya había convertirse en la empresa automotriz estadounidense más rentable. Por primera vez desde la década de 1920, sus ganancias habían superado las de su archirrival General Motors (GM). Ford había llegado a liderar la industria automotriz estadounidense en mejoras. Las ganancias de Ford en los años siguientes confirmaron que su éxito no fue una casualidad, ya que sus ganancias continuaron superando a las de GM y Chrysler ".

El Poder de la Mejora Continua y Cambio Incremental

Uno de los mayores desafíos que enfrentan las juntas ejecutivas y la alta dirección en la actualidad es la necesidad de obtener resultados tangibles e inmediatos. La búsqueda de ganancias trimestrales impulsada por los mercados financieros y los accionistas a menudo hace que los ejecutivos se concentren en el corto plazo y comprometan sus escasos y limitados recursos al "programa del día" o "sabor del mes". La búsqueda de resultados inmediatos en lugar de resultados sostenibles a más largo plazo en realidad puede disminuir el rendimiento general de la inversión de una organización cuando se compara con los esfuerzos de mejora deliberados y metódicos.

Una solución importante, como la reingeniería de un proceso, suele ser un cambio único que requiere una inversión significativa en tiempo, dinero y recursos. Con demasiada frecuencia, se quitan recursos de las actividades diarias para abordar un problema importante que está afectando las operaciones, las partes interesadas o los clientes. La solución logrará resultados inmediatos, que a menudo no son sostenibles, y la organización se encuentra abordando el mismo problema unos años más tarde.

Ahora bien, ¿qué pasaría si una organización pudiera lograr resultados aún mejores que sean sostenibles a largo plazo sin requerir que se retiren recursos de sus trabajos? Una cultura de mejora continua, en la que los empleados ven su trabajo diario como facilitadores de mejora, puede hacer precisamente eso. En los gráficos a continuación, desarrollados por George Byrne, es obvio cómo los efectos combinados de una cultura de mejora continua superan los beneficios únicos de la reingeniería de un solo proceso.

La mejora continua de un proceso normalmente se refiere al rendimiento o la eficacia de la producción. Pero, ¿y si aplicamos ese mismo principio a la reducción de costos o la eficiencia de un proceso? Una vez más, como se muestra en el segundo gráfico a continuación, las reducciones continuas de costos a lo largo del tiempo, a diferencia de una reducción única por reingeniería, son mayores y más sostenibles a largo plazo. En el mundo hipercompetitivo en el que operan la mayoría de las organizaciones hoy en día, es importante crear una cultura que valore e impulse la mejora continua. Incluso cuando los líderes de la organización buscan mejorar las operaciones, los costos, la producción y otras facetas críticas para el éxito empresarial, los gerentes deben recordar que sus competidores no se quedan quietos. Mantenerse a la vanguardia requiere no solo visión y planificación. Requiere un medio por el cual toda la organización esté alineada y mejorando cada día. La mejora continua es un factor importante para ese fin.

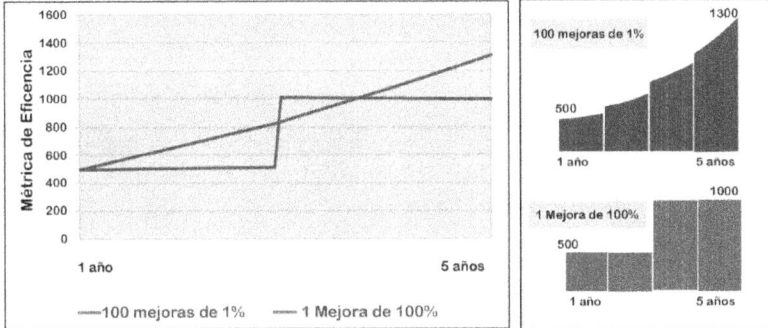

Cualquiera de las cuatro facetas de Excelencia Operacional se puede lograr mediante un único aumento del 100% o mediante mejoras incrementales a lo largo del tiempo.

En teoría, numerosas mejoras del 1% a lo largo del tiempo tienen un efecto combinado y, por lo tanto, son más efectivas que una única mejora del 100%.

¿Qué podría significar este concepto para los costos?

Dicho de otra manera, ¿qué pasaría si viéramos la faceta de la reducción de costos de la misma manera?

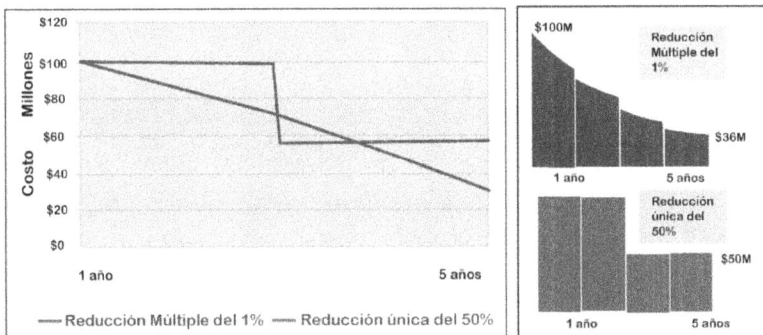

En lugar de reducción únicas significativa de los costos, la empresa experimentaría reducciones de costos continuas con mejores resultados sostenibles a largo plazo.

APRENDIZAJES

▶ Esta realidad es donde nos encontramos hoy; en una competencia implacable para producir bienes y servicios de forma más rápida y rentable que sus competidores. Es aquí donde la mejora continua es invaluable.

▶ La mejora continua es una filosofía, una forma de pensar, una cultura en el lugar de trabajo. "Mejorar constantemente y para siempre todos los procesos de planificación, producción y servicio".

▶ Mantenerse a la vanguardia requiere no solo visión y planificación. Requiere un medio por el cual toda la organización esté alineada y mejorando cada día. La mejora continua es un factor importante para ese fin.

SISTEMAS EMPRESARIALES

Sistema empresarial: Un sistema diseñado para conectar todas las partes intrincadas de una organización y los pasos interrelacionados para trabajar juntos para el logro de la estrategia empresarial. Los sistemas empresariales eficaces deben unificar la resolución de problemas y la toma de decisiones de la organización.

"Si está demasiado ocupado para crear buenos sistemas, siempre estará demasiado ocupado".

Brian Logue[6]

---

[6] Rudi Jansen. "If You Are Too Busy To Build Good Systems You'll Always Be Too Busy." February, 2019. https://www.rudijansen.com/too-busy-to-build-good-systems/

Explorando Sistemas

Para lograr un cambio duradero en su organización, es esencial comprender la interconexión de las diversas funciones internas. Así como una piedra lanzada crea ondas en todo el estanque, los cambios en un segmento de su lugar de trabajo también afectan a muchos otros.

Una organización empresarial típica consta de varias funciones o departamentos importantes. En la manufactura, por ejemplo, estas funciones a menudo se denominan: ventas y marketing, diseño y producción, investigación y desarrollo, finanzas y contabilidad, y recursos humanos. Además, existen otras funciones o servicios indirectos que son vitales para la organización, como proveedores y redes de distribución de productos.

Si bien cada departamento y función son algo independientes, se desempeñan como un todo, proporcionando los bienes o servicios a sus clientes. Cada área está vinculada entre sí y depende entre sí para cumplir con los objetivos de la empresa. Si una de estas funciones es ineficiente, disfuncional o implementa un cambio, el impacto se siente en toda la organización. Usando nuestro ejemplo de fabricación, si el proceso de producción está plagado de un problema de calidad, ese problema impacta negativamente en toda la organización, de adelante hacia atrás.

Comprender esta interdependencia y cómo afecta sus esfuerzos de mejora continua es vital. Incluso los cambios sutiles en el método, los materiales, la medición, las máquinas, las personas e incluso el medio ambiente pueden afectar algunas o todas las demás funciones dentro de la organización.

Mentalidad de Silo

The Business Dictionary define La Mentalidad de Silo como una mentalidad presente cuando ciertos departamentos o sectores no desean compartir información con otros en la misma empresa.

Este tipo de mentalidad reducirá la eficiencia en la operación general, reducirá la moral y puede contribuir a la desaparición de una cultura empresarial productiva[7].

En un artículo de Forbes de 2013, los autores describen lo que creen que es la causa de esta disfunción: "La mentalidad de silo no aparece accidentalmente ni es una coincidencia que la mayoría de las organizaciones luchen con guerras territoriales entre departamentos. Cuando echamos un vistazo más profundo a la causa raíz de estos problemas, encontramos que la mayoría de las veces los silos son el resultado de un equipo de liderazgo en conflicto "[8].

Nuestra experiencia es ligeramente diferente pero el resultado es el mismo. Hemos descubierto que el efecto silo a menudo reside en la noción de que el conocimiento es poder y, al compartir mi información, se pierde poder y otros ganan: el escenario clásico de ganar-perder. Además, puede ser riesgoso para los gerentes decirle al jefe o compartir con otros conocimientos o información que consideren perjudicial y que preferirían no escuchar. Nadie desea ser portador de malas noticias.

Independientemente de las razones, el resultado neto es ineficiencia, toma de decisiones incompleta, desconfianza y disfunción del equipo.

Qué hacer: tenga en cuenta que, hasta cierto punto, esta enfermedad afecta a muchas organizaciones, ¡si no a la mayoría!

---

[7] The Business Directory.
  http://www.businessdictionary.com/definition/silo-mentality.html

[8] Gleeson Rozo. "The Silo Mentality: How to Break Down the Barriers." Forbes. October, 2020.
  https://www.forbes.com/sites/brentgleeson/2013/10/02/the-silo-mentality-how-to-break-down-the-barriers/#49414b318c7e

Como líder de CI, puede construir conversaciones que reduzcan las inhibiciones de los participantes para compartir completamente sus puntos de vista y consejos. Para hacer esto, debes hacerlo seguro, tanto desde el punto de vista de compartir información buena como mala.

Enterrado Vivo

La interconexión de departamentos y funciones puede dificultar y a menudo dificulta el trabajo de cambio. Tome el siguiente ejemplo de nuestro trabajo con uno de nuestros grandes clientes internacionales: el equipo de administración del departamento de facturación concluyó que estaban enterrados bajo el papeleo innecesario de transacciones pasadas. El área donde se almacenaban estas transacciones en papel antiguo era del piso al techo en su oficina principal de facturación. Se llevaron a cabo más de veinte años de transacciones en papel, a pesar de que estas mismas transacciones se almacenaron digitalmente en discos duros. Cada transacción siguió siendo tanto digital como en papel.

La gerencia acordó liberar al negocio de este proceso de recolección de registros que agota el tiempo y los recursos, ¡una gran idea de mejora continua!

La implementación de este cambio dependió de la interrelación entre departamentos. El líder del sitio primero se acercó al gerente de recursos humanos para obtener su ayuda, quien llevó su idea de mejora al departamento legal para obtener asesoramiento.

Y ahí murió. Mes tras mes sin respuesta del departamento Legal durante seis frustrantes meses. El departamento Legal finalmente reconoció que nadie estaba dispuesto a tomar una decisión sobre cuándo y si las transacciones en papel podían descartarse. Esta sugerencia de mejora aparentemente simple, que ahorra tiempo y esfuerzo murió en la vid.

Si tan solo situaciones como esta fueran poco comunes; pero desafortunadamente no lo son. En retrospectiva, si nosotros, como consultores, hubiéramos aconsejado a la dirección del departamento de facturación que incluyera a los demás departamentos en el desarrollo de este proyecto, habríamos obtenido su apoyo y asesoramiento o habríamos aprendido desde el principio que la eliminación de registros antiguos no estaba permitida. Al hacerlo, todas las partes habrían evitado la frustración y la decepción que agregaron una dosis de cinismo a la mezcla.

Como Lanzar una Piedra al Estanque

La última semana de cada mes siempre causaría estragos en uno de los sistemas de nuestros clientes. A medida que se acercaba el fin de mes, los representantes de ventas de la empresa montaron un bombardeo total, generando una gran cantidad de pedidos de último minuto que debían construirse y entregarse antes de fin de mes. Esta ráfaga de cada mes fue impulsada por el deseo de cumplir con las previsiones de ventas corporativas y los incentivos de ventas mensuales.

Por lo general, se proporcionan descuentos y otros beneficios para garantizar estos nuevos pedidos. Nuestro cliente, una empresa bien conocida en su industria por su servicio al cliente de cinco estrellas, ¡necesitaba producir y enviar estos pedidos en una semana!

Lo que sucedió a continuación demuestra la interconexión de la estructura comercial de esta empresa. Los pedidos, ahora considerados URGENTES, se trasladaron del Grupo de Ventas a la Oficina de Planificación. Los productos producidos por este cliente eran bastante complejos y requerían precisión tanto en el dimensionamiento como en la construcción de la materia prima para cumplir con los requisitos específicos del cliente y los estrictos estándares de seguridad.

El Departamento de Planificación ahora tenía que revisar los planes de producción en dos sitios de fabricación ubicados a muchos kilómetros de distancia. La planta A produjo los materiales base necesarios para el producto terminado (estos variaban según el pedido) y la planta B tuvo que ensamblar y probar los nuevos productos. Para cumplir con el nuevo cronograma, fueron necesarios cambios de producción en ambas fábricas. Los cambios, que fueron muy disruptivos y consumieron mucho tiempo, frustraron tanto a la gerencia de la planta como a sus empleados, creando trabajo adicional y enormes pérdidas de productividad.

Una vez que se produjo el producto, cada artículo se sometió a exhaustivos controles de seguridad y calidad. A medida que se cumplieran estos requisitos, el producto se prepararía para su envío. Una vez más, la logística tuvo problemas para asegurar el transporte durante la noche, lo que generó un gran drama y costos adicionales.

Una vez que se entregaron los productos, el grupo de Finanzas y Contabilidad ahora necesitaba acelerar su financiamiento y facturación para cumplir con el plazo.

Este escenario real demuestra cómo una función, "Ventas", puso en marcha una cascada de acciones que afectaron a todos y cada uno de los departamentos de todo el sistema.

Colaboración y Comunicación

El "pensamiento sistémico" (un enfoque holístico para comprender cómo las distintas partes independientes se influyen entre sí dentro del todo - piensa en el ecosistema con aire, agua, plantas y animales trabajando juntos para sobrevivir) deja en claro la necesidad de colaboración. Al embarcarse en su iniciativa de CI, es aconsejable asegurarse de que todas las funciones de su organización sean conscientes o sean parte de su planificación e implementación. Incluir representantes de las diversas funciones de su sitio (es decir, ventas y marketing, operaciones, investigación y desarrollo, finanzas y contabilidad, y recursos humanos, etc.) en un comité de dirección es una forma de generar apoyo para sus iniciativas y minimizar las reacciones adversas a los cambios que usted puede promover. Como mínimo, comunicarse de manera efectiva y regular con todas las funciones y obtener comentarios de ellas puede generar grandes dividendos a medida que sus esfuerzos cobran impulso.

APRENDIZAJES

▶ Cada función o departamento dentro de su organización probablemente se verá afectado por iniciativas de mejora continua.

▶ Genere apoyo para su programa y el impacto que pueda resultar, al incluir a otros líderes de funciones del negocio en las discusiones de su proyecto.

▶ Comunicarse continuamente con todas las funciones del negocio citando el progreso y el impacto potencial.

FÓRMULA PARA EL CAMBIO

"No son los más fuertes ni los más inteligentes los que sobrevivirán, sino aquellos que pueden gestionar mejor el cambio.

- Charles Darwin

omo líder de Mejora Continua, es importante tener una comprensión general de cómo establecer las condiciones en las que el cambio tiene la oportunidad de ocurrir.

Deseamos compartir con usted un modelo simple y eficaz que le permitirá poner en marcha un proceso de cambio que permita afianzar sus esfuerzos. *El modelo IVP es uno que ha guiado nuestro trabajo durante décadas.* Fue desarrollado a partir del trabajo del teórico organizacional Richard Beckhard[9], y refinado en la década de 1980 por Kathie Dannemiller[10], una de las consultoras de desarrollo organizacional más respetadas de su época. La versión de Dannemiller explica qué se necesita para lograr un cambio real en una organización o en un individuo. Comienza con un dato: "todos nos resistimos al cambio hasta cierto punto". Esto es cierto tanto en nuestra vida personal como en nuestra vida laboral. Nuestra resistencia tiene sus raíces en nuestro instinto de

---

[9] Carrie Foster. Organization Development. September, 2012. http://organisationdevelopment.org/the-theorists-richard-beckhard/

[10] Dannemiller-Tyson Associates . *Whole-Scale Change - Unleashing the Magic in Organizations.* (San Francisco: Berrett-Koehler , 2000.)

supervivencia y nuestro deseo de evitar riesgos desconocidos. Si bien no es un requisito previo descubrir los orígenes de la resistencia de cada persona al cambio, lo importante es saber cómo superar este instinto natural.

LA FORMULA PARA EL CAMBIO

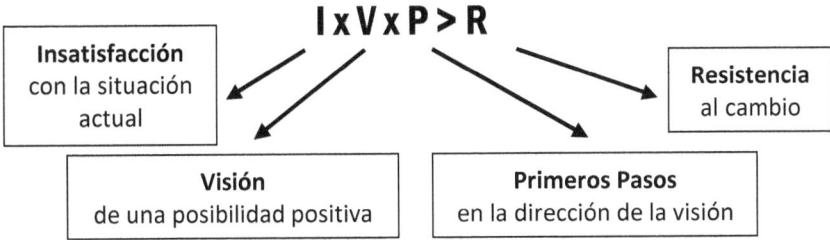

$$I \times V \times P > R$$

Insatisfacción con la situación actual		Resistencia al cambio

Visión de una posibilidad positiva	Primeros Pasos en la dirección de la visión

Insatisfacción X Visión X Primeros Pasos > "Resistencia"

$I \times V \times P > R$

Insatisfacción con la situación actual

El primer paso es que cada individuo y la organización en su conjunto comprendan y compartan una insatisfacción común con la forma en que están las cosas en este momento: la "I". "I" describe por qué debemos cambiar, la razón por la que debemos hacer algo de manera diferente.

La I (insatisfacción) debe ser honesta y convincente. Debe explicarse y entenderse en toda su organización. Si no hay insatisfacción, ni una razón convincente por la cual este esfuerzo de mejora continua es vital, entonces se une a las docenas de otros programas que compiten por los recursos limitados de su organización. Solo otro sabor del mes.

$$I \times V \times P > R$$

Visión de una posibilidad positiva

El segundo paso es establecer una *visión común*. Esa *visión* describe un estado futuro que la organización busca lograr. Es su estado final, su objetivo. Esta visión "V" debe ser clara, articulada y entendida en toda su organización. Es una imagen del futuro, que motiva y es importante lograr.

Según John Kotter en su libro Liderando el Cambio[11], una visión debe tener tres propósitos:

1. Aclarar la dirección general del cambio, simplificando cientos o miles de decisiones más detalladas.

2. Motiva a las personas a actuar en la dirección correcta incluso si los pasos iniciales son personalmente dolorosos.

3. Ayuda a coordinar las acciones de diferentes personas en la organización.

$$I \times V \times P > R$$

Primeros pasos en la dirección de la visión

El tercer paso se refiere a los *primeros pasos "P":* aquellas acciones concretas significativas en todo el sistema que comenzarán a mover a la organización hacia la visión. *Primeros Pasos* levanta la nube de incertidumbre al anunciar cómo avanzará la organización. También indica que este esfuerzo de cambio es más que simples palabras y palabras en la pared: ¡se trata de acción!

---

[11] John Kotter. *Leading Change.* (Brighton, MA: Harvard Business Review Press.) 2012.

$$I \times V \times P > R$$

Resistencia al cambio

La resistencia es normal, natural y anticipada. Tanto individualmente como miembros de una organización, los seres humanos tenemos un deseo innato de resistir el cambio. En la década de 1920, H.P. Lovecraft dijo: "La emoción más antigua y fuerte de la humanidad es el miedo, y el tipo de miedo más antiguo y más fuerte es el miedo a lo desconocido". (Lovecraft, Terror sobrenatural en la literatura 1973)[12].

Por eso, *si alguno de estos tres elementos - "I" "V" o "P" - es cero o vacío, el impulso de cambio no puede superar las fuerzas naturales de resistencia "R" que existen dentro de cualquier individuo u organización.* Sus esfuerzos fallarán.

Más que un modelo

El modelo IVP es mucho más que una simple fórmula para el cambio. De hecho, es un vehículo que permite que se produzca la *transición* necesaria en el *pensamiento*. Cuando ayuda a su organización a combinar I, V y P, los colegas pueden comenzar a vislumbrar un panorama más amplio y diferentes perspectivas. A medida que esto sucede, el sistema, en su conjunto, cambia y también lo hacen sus colegas como individuos.

Ahora la organización (individualmente y como un todo) está viendo una imagen más completa de lo que está por venir. Se ha abordado el miedo a lo desconocido y la visión ahora señala el camino a seguir.

---

[12] H.P. Lovecraft. *Supernatural Horror in Literature.* (Mineola, NY: Dover Publishing, 1973).

Este modelo ofrece un protocolo probado para que lo sigan los líderes de CI.

Es la piedra angular de sus esfuerzos de mejora continua.

APRENDIZAJES

▶ La "fórmula para el cambio" I x V x P > R se aplica a individuos y organizaciones.

▶ Esta fórmula es una cadena secuencial, por lo tanto, si alguno de los tres elementos Insatisfacción, Visión o Primeros Pasos es cero o vacío, es poco probable que el impulso para el cambio supere la Resistencia; es probable que falle.

▶ El modelo IVP permite que se produzca la transición necesaria en el <u>pensamiento</u>.

La plantilla Formula para el Cambio *está disponible para descargar en* www.thefivekeys.org.

DIFUSIÓN DE LAS INNOVACIONES

"Cuando una idea alcanza una masa crítica, no hay forma de detener el cambio que su presencia inducirá ".

- Marianne Williamson[13]

Cualquiera con experiencia en la introducción de iniciativas de mejora continua reconocerá que la adopción de un esfuerzo de cambio requirió más tiempo y paciencia de lo que se anticipó originalmente. Hemos aprendido que es importante planificar en consecuencia y no intentar forzar el cumplimiento; no funciona. Incluso los pequeños cambios en las organizaciones requieren tiempo para que las personas evalúen y acepten todo lo que esos cambios conllevan y el impacto en ellos mismos personalmente.

Para que los empleados apoyen y respalden verdaderamente un esfuerzo de cambio, se debe convencer a una ***masa crítica***. Hasta entonces, la mayoría no se unirá ni subirá a bordo. Cuando se introduce un nuevo programa, nueva tecnología o iniciativa de mejora en un sistema de trabajo, incluso si muchos piensan que la idea es buena, la mayoría de los empleados se muestran reacios a mostrar su apoyo hasta que están convencidos de que sus colegas también lo están apoyando. El cambio será lento hasta que se alcance una masa crítica; entonces, a menudo se produce un efecto de bola de nieve.

---

[13] Marianne Williamson, American author

El siguiente gráfico, basado en la teoría desarrollada por E.M. Rogers en 1962[14], demuestra la secuencia de adopción de un nuevo concepto, idea, comportamiento, innovación o producto entre individuos y organizaciones. El gráfico nos dice que, independientemente de los aspectos beneficiosos de una innovación, su adopción no ocurre simultáneamente entre todos los impactados. Algunos adoptarán una innovación más rápido que otros y otros, quizás nunca.

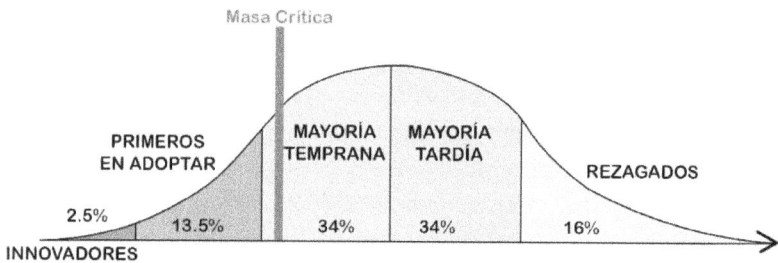

Como líder de CI, es importante comprender que la adopción de innovaciones no distingue entre ejecutivos, gerentes, supervisores y empleados de la línea de frente. En cada uno de estos grupos de empleados, es probable que encuentre colegas que pertenezcan a las cinco categorías de adoptantes. *Solo porque alguien tenga un rol gerencial no puede asumir que respaldará la iniciativa de cambio.* Los gerentes, al igual que sus colegas de la línea de frente, evaluarán el impacto probable de la iniciativa por sí mismos y lo que eso significa para ellos ahora y en el futuro.

Categorías de Adoptantes

La investigación de Rogers, en su libro Difusión of Innovaciones, revela que distintas características definen las categorías de adoptantes: innovadores, primeros en adoptar, mayoría temprana,

---

[14] E.M. Rogers. *Diffusion of Innovations* . (New York: Free Press. 1962).

mayoría tardía y rezagados. El cuadro a continuación puede ayudarlo a identificar la información adicional que cada categoría de adoptante puede requerir para responder positivamente a la innovación[15].

Categorías de Adoptantes	Quiénes son	Qué necesitan ver / escuchar
Innovadores 2.5%	**Tomadores de Riesgo.** Aquellos que estén dispuestos a liderar la carga.	No mucho. Esta gente está a bordo.
Los primeros en adoptar 13.5%	**Líderes de opinión.** Se sienten cómodos con la innovación y la implementación de nuevas ideas. Reconocen el cambio según sea necesario.	No hay necesidad de convencerlos. Comparta detalles específicos. Cómo pretendemos lanzar. Medidas de éxito, etc.
Mayoría temprana 34%	**Pensadores.** Les gusta ver pruebas de que la innovación cumple con las expectativas. Adoptan fácilmente nuevas ideas.	Quieren ver pruebas de que la nueva iniciativa funcionará en su lugar de trabajo. Comparta avances, logros y éxitos.
Mayoría tardía 34%	**Escépticos.** Subirán a bordo después de que la mayoría haya adoptado la innovación.	Buscan pruebas de que la iniciativa cuenta con el apoyo de sus colegas, o evidencia de que la innovación ha tenido éxito.

[15] Everett M. Rogers, Diffusion of innovations (1st ed.). (New York: Free Press of Glencoe, 1962.)
Barbara Wejnert. "Integrating models of diffusion of innovations: a conceptual framework". Annual Review of Sociology. 297–326.

Rezagados 16%	Tradicionalistas. Se comprometerán solo después de que la idea se haya generalizado.	No descarte a estas personas. Proporcione estadísticas y resultados positivos. Aclare el impacto si la iniciativa no tiene éxito.

APRENDIZAJES

► Incluso los pequeños cambios en las organizaciones toman tiempo, ya que las personas evalúan lo que implica el cambio y el impacto en ellos personalmente.

► Por el hecho de que alguien tenga un rol gerencial, no dé por sentado que respaldará la iniciativa de cambio.

► Tres factores críticos que pueden afectar la velocidad a la que se acelera la masa crítica:

- Con qué rapidez y entusiasmo los "líderes" abrazan el cambio.

- La complejidad del cambio y la facilidad de implementación.

- Beneficios claros e inmediatos.

CULTURA

Cultura: La cultura es esa combinación de valores compartidos, historia, tradiciones y todas esas reglas, comportamientos, hábitos, actitudes y prácticas no escritas que los colegas de trabajo comparten y, en última instancia, impulsan los resultados y el desempeño de la organización.

"Es la forma en que hacemos las cosas aquí": la personalidad viva y el carácter de una organización.

"La cultura se come a la estrategia en el desayuno"

- atribuido a Peter Drucker[16]

¿Cómo es la Cultura en su Organización?

¡Olvide las palabras en la pared! La visión, misión y valores de la organización. Si realmente desea explorar la "cultura real" de una organización, pregunte a varios empleados de manera privada y confidencial algunas de estas preguntas:

---

[16] Peter Drucker. *The Essential Drucker*. (New York: Harper, 2001).

► "¿Cómo es trabajar aquí?"

► "¿Qué es realmente importante?"

► "¿Cómo actúa la gente cuando nadie está mirando?"

► "¿Qué necesito saber para llevarme bien?"

► "¿Quién asciende y para qué?"

► "¿Recomendaría trabajar aquí a un miembro de la familia?"

¡Lo que oirá y aprenderá rápidamente es la cultura real que describen aquellos que la viven! Ahora, contraste esas descripciones de los colaboradores con las palabras en la pared. ¿Coinciden o incluso se parecen? En algunas organizaciones, la respuesta es "sí, absolutamente", pero en demasiadas, es más fácil comparar el día y la noche.

Habiendo trabajado con docenas de organizaciones diferentes desarrollando y articulando su visión, misión y valores, y posteriormente sus planes estratégicos, somos muy conscientes de cómo los líderes ejecutivos luchan por capturar las palabras y frases correctas que esperan inspirar y guiar a sus organizaciones en los próximos años. Estas declaraciones deben impulsar mejoras y guiar la toma de decisiones en toda la organización, es decir, si la visión y la cultura están alineadas. Es por eso por lo que la cultura en una organización es tan importante: si la cultura de una organización es incompatible con su visión y estrategia, ¡el resultado probable es que no logre sus metas!

Tome el siguiente ejemplo:

Visión: Ser reconocidos como el principal líder de la industria que brinda a nuestros clientes productos y servicios insuperables para el 20YY.

Estrategia: Nuestra visión se hará realidad a través de una fuerza laboral empoderada con equipos auto-dirigidos en cada departamento, y todos los empleados directamente involucrados en la resolución de problemas y actividades de mejora continua.

Ahora, en nuestro cuadro a continuación, compare la visión y la estrategia con la cultura actual de la organización. Si las características de su cultura laboral son tradicionales (abajo a la izquierda) y la visión y la estrategia requieren empleados empoderados enfocados en la mejora continua (abajo a la derecha), *¿qué probabilidades le daría a esta organización para hacer realidad su visión?* A menos que cambie la cultura, es poco probable que la organización haga realidad su visión.

Cultura de trabajo tradicional	Cultura de trabajo de CI
Autoritativo / burocrático	Emprendedor, innovador, informal
Equipos individualistas	Trabajo en equipo
Comunicaciones limitadas: es necesario conocer la base	Abierta / transparente: compartir buenas y malas noticias
Poca conexión con los clientes	Centrado en el cliente
Los supervisores resuelven problemas	Los miembros del equipo resuelven problemas juntos
Responsable solo de mi trabajo	Responsable del desempeño del equipo
Centrarse en los requisitos diarios	Metas y medidas comunes
Adverso al riesgo	Tolerante al riesgo

A menos que cambie la cultura, es poco probable que la organización haga realidad su visión.

La Cultura Impulsa el Desempeño

En una entrevista con el New York Times, Stephen Sadove, presidente y director ejecutivo de Saks, está de acuerdo en que la cultura impulsa los resultados:

"La cultura impulsa la innovación y cualquier otra cosa que esté tratando de lograr dentro de una empresa: innovación, ejecución, lo que sea que vaya a ser. Y eso genera resultados. Cuando hablo con Wall Street, la gente realmente quiere conocer sus resultados, cuáles son sus estrategias, cuáles son los problemas, qué es lo que está haciendo para impulsar su negocio?

Nunca hay gente que pregunte sobre la cultura, el liderazgo, las personas de la organización. Sin embargo, es al revés, porque son las personas, el liderazgo y las ideas las que, en última instancia, impulsan los números y los resultados[17].

Alineando Visión y Cultura

La mayoría de las organizaciones pueden citar aspectos tanto buenos como malos de su cultura actual. Cosas que les gustan y cosas que sería mejor cambiar. Desde la perspectiva de un líder de mejora continua, el desafío y la meta es reconocer y nutrir aquellos aspectos culturales que contribuyen a lograr la visión, valores y metas de la organización e identificar y reemplazar aquellos aspectos que no lo hacen.

Creando una Cultura Intencional

Los hábitos de trabajo, al igual que los hábitos personales, no se cambian fácilmente y requieren más que una visión inspiradora y la esperanza de mejorar. El cambio exige una comunicación estridente del liderazgo y la demostración de los comportamientos deseados. También se requiere un mayor nivel de responsabilidad entre quienes tienen influencia en toda la organización.

---

[17] David Fechtman. "The Three Guiding Principles for Creating an Intentional Culture." *Forbes*. January, 2018. https://www.forbes.com/sites/forbescoachescouncil/2018/01/2 6/the-three-guiding-principles-for-creating-an-intentional-culture/

Reordenar los comportamientos e influir permanentemente en la cultura requiere un compromiso total para reconocer y recompensar los comportamientos deseados y desafiar aquellos que impiden el progreso. Si no se enfoca en alinear la cultura con la visión, las iniciativas de mejora fracasarán y la visión nunca se hará realidad.

Haciendo el Balance

Nuestra comparación de las diferencias entre las prácticas de trabajo de gestión tradicionales y las prácticas de trabajo de gestión de CI (ver a continuación) ofrece información sobre los cambios de comportamiento necesarios para ayudar a sus iniciativas.

PRÁCTICAS DE TRABAJO DE GESTIÓN TRADICIONAL	PRÁCTICAS DE TRABAJO DE GESTIÓN DE CI
Planea e instruye.	Involucra y empodera.
Controla a las personas / hace cumplir las reglas.	Busca soluciones de beneficio mutuo / escucha.
Se comunica uno a uno.	Entrenadores y apoyos.
Aplica la toma de decisiones de arriba hacia abajo.	Involucra a todo el equipo.
Exige respeto y cumplimiento.	Gana confianza y cooperación.
Emplea las manos de las personas, no las mentes.	Aprovecha la sabiduría y la experiencia de las personas.

En el entorno "tradicional", a los empleados se les dice qué hacer y cómo hacerlo. El pensamiento y la dirección se deja en manos de la dirección: "es su trabajo". Los empleados en la línea de frente se ven a sí mismos como personas singulares y enfocadas. sobre todo en el cumplimiento de sus requerimientos diarios. Trabajan para una organización y no se ven a sí mismos como parte integral de ella, ni contribuyen a su éxito. En el peor de los casos, existe una mentalidad de "nosotros contra ellos".

En un entorno de "mejora continua", los empleados son vistos y tratados como miembros de un equipo. La gerencia y la primera línea combinan sus conocimientos y experiencia en la búsqueda de lograr la visión y los objetivos de la organización. Los empleados se ven a sí mismos como un contribuyente valioso al éxito de la organización.

Identificar lo Que Necesita Cambiar

La cultura (cómo hacemos las cosas aquí) afecta prácticamente a todas las personas de su organización y a todos los aspectos del negocio. Realizar una evaluación honesta de lo que es la cultura hoy y lo que se necesita para mañana aclarará el trabajo a realizar. Al evaluar las tradiciones, los comportamientos y las prácticas laborales actuales, puede generar una línea de base, crear acciones y medir el progreso, haciendo que la organización pase de ser tradicional a centrarse en CI.

Entonces, ahora que ha identificado los cambios culturales que se necesitan, la pregunta es "¿cómo puede hacerlo?" ¿Cómo reordenar con éxito una cultura y prácticas de gestión establecidas con un conjunto diferente de comportamientos y reglas?

¡Feliz año nuevo!

La mayoría de nosotros estamos familiarizados con la larga tradición de hacer resoluciones de Año Nuevo. Ya sea que decida ponerse a dieta, dejar de fumar, comenzar a hacer ejercicio, ahorrar dinero, aprender una nueva habilidad o lo que sea para usted, el desafío es el mismo. Estamos haciendo un esfuerzo consciente para cambiar nuestro comportamiento personal e introducir algo diferente en nuestras vidas. En esencia, al cambiar nuestros comportamientos personales, estamos cambiando nuestra propia cultura individual.

Al implementar una iniciativa de mejora de procesos, perseguimos un objetivo muy similar. Tenemos la intención de reemplazar los hábitos y comportamientos laborales que no son útiles por otros positivos nuevos; *al cambiar nuestros comportamientos laborales colectivos, estamos cambiando la cultura de nuestra organización.*

La mayoría de nosotros compartimos la experiencia de no lograr una resolución de Año Nuevo: es un desafío cambiar el comportamiento. Cambiar comportamientos requiere un esfuerzo estratégico, consciente y reflexivo respaldado por la dedicación y el compromiso. Según U.S. News & World Report, se dice que la tasa de fracaso de las resoluciones de Año Nuevo es de alrededor del 80 por ciento, ya que la mayoría de las personas pierden la determinación a mediados de febrero. Estas resoluciones son nuestros "sabores del mes" personales.

Observadores de Peso (Weight Watchers)

Cada enero, las filas en la reunión local de Weight Watchers se extienden hasta la puerta, y por una buena razón, Weight Watchers obtiene resultados.

Jean Evelyn Nidetch, fundadora de la organización Weight Watchers, tenía sobrepeso y aspiraba a perder peso. Nidetch experimentó con varios tipos de dietas antes de lograr cierto éxito en 1961. Aún enfrentando desafíos y la fuerza de voluntad para continuar, contactó a varios amigos con sobrepeso y fundó un grupo de apoyo que se convirtió en clases semanales.

Este fue un gran avance para Nidetch y sus amigos, ya que habían descubierto elementos clave para cambiar comportamientos con éxito. Al crear un grupo de apoyo y clases semanales, agregaron responsabilidad, entrenamiento y participación en lo que alguna vez fue una lucha individual.

El grupo de apoyo incipiente de Nidetch se incorporó el 15 de mayo de 1963 como la organización Weight Watchers. Weight Watchers ha estado en el negocio durante más de 50 años con ingresos de más de $ 1.3 mil millones en 2017. Sus métodos se basan en la ciencia y la experiencia[18].

---

[18] weightwatchers.com. 2016 Annual Report.

A lo largo de los años, el modelo de Weight Watchers ha seguido evolucionando y ahora incluye: una aplicación móvil; medidas diarias, semanales, mensuales; y una amplia gama de apoyo, orientación, ideas creativas, consejos dietéticos gratuitos y recetas para quienes esperan alcanzar sus objetivos de pérdida de peso. Los planes de acción en profundidad con entrenadores personales para el desarrollo de habilidades, la planificación de estrategias, los entrenadores de cocina y las recompensas y el reconocimiento son partes integrales del programa desarrollado para influir y cambiar el comportamiento personal.

Existen fuertes similitudes en las técnicas del programa Weight Watchers y los elementos de "Las Cinco Claves para la Mejora Continua". El establecimiento de metas, la responsabilidad personal, la creación de medidas diarias, semanales y mensuales, la capacitación, el coaching y la participación en grupos para compartir ideas son los mismos métodos que se utilizan en los exitosos esfuerzos de cambio organizacional en los que hemos estado involucrados.

Hacer la conexión entre cómo el cambio de comportamiento y hábitos personales se relaciona con el cambio de los comportamientos y hábitos colectivos en las organizaciones es fundamental para crear la cultura que ahora se requiere.

Cambiar Comportamientos Para Cambiar la Cultura

Nuestra experiencia es que *todos los programas exitosos de mejora del lugar de trabajo requerían algunos cambios en la cultura* y la forma más efectiva de crear ese cambio es a través de cambios en las prácticas laborales, en otras palabras, el comportamiento de las personas. Por ejemplo, si reducir el reproceso es el enfoque de un esfuerzo de mejora de procesos, y la maquinaria en sí no es el problema, entonces ciertos cambios en el comportamiento de los empleados deben ocurrir. Esos cambios de comportamiento deben estar bien pensados, involucrando a las personas que hacen el trabajo como catalizadores.

Entonces, continuando con nuestro ejemplo, si cada incidente de reproceso requirió una sesión de resolución de problemas para determinar qué sucedió y por qué, estas sesiones de resolución de problemas reflejan un cambio en el comportamiento, un cambio en la cultura. Si estos esfuerzos de resolución de problemas contribuyen a reducir la cantidad de reprocesos, las sesiones de resolución de problemas se convierten en la norma y en un cambio cultural positivo.

Cambiar comportamientos puede ser un proceso desafiante; aquí hay un camino que recomendamos:

1. **Primero cambie su propio comportamiento.** Usted es el líder de este esfuerzo, por lo que todos los ojos estarán correctamente puestos en usted y en otros en posiciones de liderazgo. Hacer lo que se dice es un aspecto fundamental para generar credibilidad y obtener el apoyo necesario.

2. **Haga un plan.** La creación de un plan realista, que incluya la opinión de otros líderes clave, aumentará la probabilidad de que se produzcan cambios de comportamiento. Su plan debe incluir metas, medidas y un proceso de rendición de cuentas.

3. **Comunique el plan.** Comparta características importantes y explique por qué estos cambios son necesarios y cómo contribuyen al éxito de la organización. Utiliza múltiples formas de comunicación, conferencias, señalización, reuniones de equipo, etc.

4. **Brindar capacitación y apoyo técnico.** Es posible que sea necesario enseñar nuevos comportamientos y se debe proporcionar entrenamiento regular a los colegas.

No asuma que los demás sabrán qué cambios se esperan y recuerde que los viejos hábitos difícilmente mueren.

5. **Realice cambios en los estándares.** Realice cambios de comportamiento en las asignaciones de Procedimientos Operativos Estándar (POEs) y Trabajo Estándar de Líderes (TEL). Al hacerlo, está institucionalizando nuevos comportamientos para los colegas actuales y los que le siguen.

6. **No realice demasiados cambios a la vez.** El cambio no es fácil y si sus colegas se sienten abrumados, es probable que se produzcan más resistencias. Sea paciente y comprensivo.

7. **Reconozca y celebre el progreso.** A medida que los cambios de comportamiento se hagan evidentes, ¡celebre! Sus colegas deben ser reconocidos por sus esfuerzos y tomarse el tiempo para mostrar su agradecimiento es un tiempo bien invertido.

Como señala un estudio de ASTD del 16 de enero de 2017[19], **la responsabilidad y los incentivos** contribuyen significativamente a la probabilidad de una adopción exitosa de cambios de comportamiento. Como Weight Watchers ha demostrado continuamente, a través del seguimiento diario de puntos, pesajes semanales y un sistema de reconocimiento de pérdida de peso, es la combinación de varios factores lo que marca la diferencia entre el éxito y el fracaso.

---

[19] Stacey Hanke. "Three Steps to Overcoming Resistance ." *Forbes.* August, 2018.
https://www.forbes.com/sites/forbescoachescouncil/2018/08/14/three-steps-to-overcoming-resistance/#7b97ec485eae

APRENDIZAJES

▶ Si la cultura de una organización es incompatible con su visión y estrategia, ¡el resultado probable es el fracaso!

▶ Comprenda la "disposición del terreno" actual mediante la evaluación de su cultura actual y sus prácticas laborales. Identifique las características de cada uno que necesitan cambiar e iniciar acciones para alinear los comportamientos con la visión.

▶ La mejor manera de construir una cultura de mejora continua es mediante el cambio de comportamientos personales y hábitos laborales. Lo bien que se integran estos cambios en los comportamientos y los nuevos hábitos se reflejará a través de mejores resultados de desempeño.

Una plantilla de evaluación de la cultura está disponible para descargar en *www.thefivekeys.org*

SECCIÓN 2

LAS CINCO CLAVES

LAS CINCO CLAVES

El verdadero desafío para los líderes de CI no es introducir un ciclo de iniciativas de mejora únicas y exitosas, sino inculcar una cultura dinámica, que inspire a los colegas a encontrar formas de mejorar a diario. ¡Este es el trabajo pesado! Para lograr esto, casi sin excepción, exige un cambio de cultura, y el cambio de cultura rara vez se produce de manera rápida o fácil; se necesita tiempo y perseverancia. Este trabajo no es vistoso ni ostentoso. Es el compromiso diario de impulsar una organización donde la mejora y la innovación se valoren y sostengan. Este es el trabajo crucial del Líder de CI y Las Cinco Claves están aquí para ayudarlo a que suceda.

Este libro se inspiró en nuestra perplejidad en cuanto a por qué dos plantas de producción hermanas aparentemente "idénticas" que producen los mismos productos, al mismo tiempo, con el mismo equipo, con los mismos proveedores y clientes, con el mismo apoyo interno, involucrando una muy similar fuerza laboral, trabajando con los mismos consultores de CI introduciendo las mismas metodologías, herramientas y prácticas lean y reportando a la misma jerarquía organizacional experimentaría resultados muy diferentes.

Como defensores desde hace mucho tiempo de la mejora continua, siempre fuimos muy conscientes del papel fundamental que juega la cultura en la determinación del éxito organizacional. Lo que nos sorprendió, después de analizar cada variable en las dos plantas de manufactura "idénticas", fue nuestra conclusión: que la **cultura era la única diferencia significativa entre estos dos sitios**. Y lo más importante, las diferencias culturales residían en cinco categorías distintas:

► **Liderazgo**

► **Compromiso**

► **Alineación de objetivos**

► **Responsabilidad**

► **Recursos**

Por lo tanto, **"Las 5 claves."**

Estas "claves" nos han demostrado ser los elementos de mayor impacto en la fundación de una cultura de mejora continua. Las cinco son igualmente importantes; se superponen y trabajan juntos en concierto y las cinco son necesarios en la creación de una cultura centrada en la mejora vibrante y duradera. Esto no quiere decir que abrazar únicamente Las cinco claves garantizará el éxito. Sin embargo, lo que hemos aprendido y creemos profundamente es que sin estas "claves", la probabilidad de éxito es improbable.

En esta sección, aprenderá más sobre estas Cinco Claves y cómo presentarlas, nutrirlas y mantenerlas. También describimos y sugerimos medios efectivos para implementar cada una de Las Cinco Claves en su organización. Tener un enfoque integral y bien considerado para *inculcar las Cinco Claves* es esencial.

CASO DE ESTUDIO: LAS DOS PLANTAS HERMANAS

Inicialmente, introdujimos un sistema de trabajo en equipo de alto compromiso en dos plantas de manufactura similares. El proceso alineó las metas y métricas en cada sitio, estableció roles de equipo, normas y estructura de informes y proporcionó un proceso estructurado y herramientas para la mejora continua, la responsabilidad y la resolución de problemas. Después de lanzar el programa, visitamos los sitios cada trimestre, pasamos dos días auditando el progreso, capacitando varias herramientas lean, entrenando a los líderes y la línea de frente mientras brindábamos recomendaciones detalladas para mejorar. Cada año, después de la semana de lanzamiento, pasamos ocho días en el sitio, dos días cada trimestre.

Estos dos sitios no estaban solos en este esfuerzo solicitado desde el corporativo. También se requirió que decenas de otras plantas, ubicadas en todo el mundo, desarrollaran una cultura de mejora continua con el objetivo de ser implementados por completo en cinco a siete años. También se reconoció que cada sitio individual entraría en diferentes niveles de madurez y comprensión en relación con las herramientas de mejora y una cultura de mejora continua. Por lo tanto, las visitas trimestrales resultarían vitales para brindar el tiempo necesario para iniciar nuevos conceptos, herramientas y comportamientos.

En la marca de cinco a siete años, todos los sitios tenían la opción de continuar individualmente su relación con nuestro grupo de consultoría o confiar en la capacidad interna que se desarrolló con el tiempo. Algunos sitios continuaron con nuestro arreglo trimestral, algunos se reunieron a intervalos irregulares y otros avanzaron por su cuenta. Los sitios 1 y 2 continuaron con visitas trimestrales por motivos muy diferentes.

El sitio 1 había determinado que las visitas trimestrales agregaban valor al sitio. Estas visitas de dos días se habían convertido en parte de la rutina de "esta es la forma en que hacemos negocios". Estas visitas permitieron reevaluar el progreso y los proyectos, para enfocarse en problemas más complejos y desarrollar la capacidad interna.

El Sitio 2 estaba progresando y dependía de las visitas trimestrales para seguir avanzando poco a poco la cultura de CI, reforzar nuevos comportamientos, brindar capacitación, orientar a los líderes de proyectos, enseñar herramientas y orientar los próximos pasos.

Durante el período de diez años que trabajamos con estos dos sitios, el Sitio 1 se convirtió en el modelo de la empresa para la mejora continua y la sostenibilidad, mientras que el Sitio 2 siguió luchando con una letanía de problemas de rendimiento, seguridad y personal.

Este dilema cristalizó para nosotros la necesidad de determinar, por nosotros mismos, las diferencias entre estos dos sitios y trazar un camino de corrección de rumbo. Si pudiéramos resolver este rompecabezas, las soluciones podrían brindar valor a todos nuestros clientes y ser compartidas con otros en la comunidad de mejora continua. Al final de cada capítulo de Las Cinco Claves (Liderazgo, Compromiso, Alineación de Metas, Responsabilidad y Recursos), bajo el título Caso de Estudio: Las Dos Plantas Hermanas - Resolviendo el Rompecabezas, David brinda ejemplos en primera persona de las diferencias observadas entre las dos plantas hermanas en lo que respecta a esa clave en particular.

LIDERAZGO

| ESTABLECER DIRECCIÓN | COMUNICAR | GENERAR COMPROMISO | LIBERAR LA CAPACIDAD INTERNA |

La cultura no es lo más importante, es lo único "

Co-fundador Costco y Director Ejecutivo retirado Jim Sinegal

"El liderazgo es una <u>función</u> en la organización, más que el <u>rasgo</u> de un individuo. Se distribuye entre los miembros de un grupo u organización y no se confiere automáticamente al presidente ni a la persona con la autoridad formal. Por lo tanto, un buen liderazgo y una buena membresía se combinan en una organización eficaz ".

—Edgar Schein[20]

Nunca se ha prestado más atención al liderazgo y a liderar que en la actualidad. Hay más de 50.000 libros en Amazon con "liderazgo" en el título. El gasto global en capacitación corporativa ha aumentado constantemente durante los últimos años, con un gasto total de $ 366,2 mil millones en 2018. El mercado de capacitación en liderazgo es uno de los únicos mercados de Liderazgo y Desarrollo que ha experimentado un crecimiento independiente de las tendencias económicas año tras año. La investigación de la industria de la capacitación estima que en 2018, las organizaciones de todo el mundo gastaron alrededor de $ 3.4

---

[20] Edgar Schein. *Organizational Culture and Leadership*. (San Francisco: Josey-Bass, 1985).

mil millones en soluciones de desarrollo de liderazgo y proveedores de programas[21]. Este tremendo interés en el liderazgo efectivo no es sorprendente, porque el liderazgo es fundamental para el desempeño general y el éxito financiero de las organizaciones.

La tecnología y la competencia han remodelado el panorama empresarial[22]. Íconos empresariales establecidos como Pan Am, Toshiba, Radio Shack, Blockbuster, Borders, Toys R´ Us, Bethlehem Steel, Eastern Airlines, Woolworths, E.F. Hutton, Standard Oil y General Foods, por nombrar solo algunos, prácticamente han desaparecido. Y el récord es aún peor para las empresas emergentes. Según un estudio de 2017 de la Harvard Business School, la tasa de fracaso de las nuevas empresas después de cinco años fue superior al cincuenta por ciento y al setenta por ciento después de diez años. En un estudio realizado por Statistic Brain, la tasa de fracaso de todas las empresas estadounidenses después de cinco años fue superior al 50 por ciento y superior al 70 por ciento después de 10 años[23].

Estos hechos aleccionadores demuestran que no hay garantía de longevidad empresarial. Por buenos que sean el producto, el servicio y el personal, las circunstancias cambian y la capacidad de una organización para cambiar para enfrentarse a esos desafíos es primordial. Con esta conciencia, *los líderes empresariales perspicaces*

---

[21] The Leadership Training Market. March, 2019. https://trainingindustry.com/wiki/leadership/the-leadership-training-market/

[22] Jeff Moore. "101 on Digital Tranformation: What is it & How is it Reshaping Business?" August, 2019. https://www.bairesdev.com/blog/digital-transformation-reshaping-businesses

[23] Statistic Brain Research Institute. Startup Business Failure By Industry, May 2017. https://www.statisticbrain.com/startup-failure-by-industry/

reconocen que la mejora continua, en todos los aspectos de su empresa, es esencial para su competitividad y viabilidad a largo plazo.

Liderando los Esfuerzos de Cambio

La necesidad de mejorar continuamente es implacable y debe estar a la vanguardia de la agenda de todas las organizaciones en todo el mundo. La mayoría de las empresas se encuentran en algún lugar en el camino, ya sea lanzando iniciativas de este tipo, sumergiéndose actualmente en esfuerzos en curso, o habiendo estancado o suspendido sus intentos, esperando quizás un momento más oportuno.

Pero independientemente de dónde se encuentre su organización en el espectro de CI, el mandato de mejorar continuamente no va a desaparecer. Para muchas empresas y organizaciones, el éxito a largo plazo depende de qué tan bien y qué tan rápido sean capaces de adaptarse y mantenerse al día con sus competidores. Este requisito solo se intensificará en los próximos años, poniendo a prueba el compromiso y el ingenio de los líderes empresariales y sus colegas.

Mejores Herramientas, Mejores Resultados

Por más desafiante que parezca el futuro, ¡los líderes de la mejora continua tienen mucho de que alegrarse! Hoy en día, las herramientas, los métodos y las técnicas probados para iniciar mejoras están disponibles para prácticamente todas las empresas e industrias. Los enfoques de mejora continua abarcan toda la gama y, sin duda, generan mejoras[24].

Pero, al final del día, no son las herramientas, los métodos o las decenas de miles de profesionales de CI dedicados e inteligentes los que, en última instancia, determinan el éxito y la sostenibilidad

---

[24] KaiNexus. 2020. https://www.kainexus.com/roi-of-continuous-improvement

a largo plazo de las iniciativas de CI. *Habiendo pasado décadas en las trincheras, educado en las metodologías y habiendo investigado las razones por las que algunos esfuerzos de cambio florecen mientras que otros se marchitan y mueren, las siguientes ideas son ciertas:*

▶ Sin la adopción de una cultura organizacional que abrace el cambio y esté comprometida con la mejora continua, el programa eventualmente morirá. Casi sin excepción, esta mentalidad para mejorar constantemente es necesaria para un éxito sostenido.

▶ Se requiere un liderazgo firme para establecer y mantener esta cultura.

En este capítulo, exploraremos:

▶ Modelos de liderazgo

▶ El trabajo del liderazgo

▶ Comportamientos de liderazgo, trabajo estándar y procedimientos operativos estándar (SOPs)

▶ Fortalecimiento de la capacidad interna

▶ Metas individuales y de equipo

▶ Resistencia

▶ Liderazgo versus gestión

▶ Ampliando su huella de liderazgo

Modelos de Liderazgo

Durante el último siglo, los líderes y sus organizaciones han estado expuestos a decenas de modelos de liderazgo diferentes, que incluyen:

Gestión Científica	Liderazgo Situacional
La teoría del Gran hombre y Confianza	Objetivo de ruta
Estilos de liderazgo de Lewin	Liderazgo de Servicio
Carismático	Liderazgo Transformacional
Contingencia	Liderazgo Auténtico
Liderazgo Participativo	Liderazgo Transaccional
Intercambio líder-miembro	Rango completo

y decenas de teorías menos conocidas.

A lo largo de las décadas, grandes teóricos y practicantes de las ciencias del comportamiento han ofrecido muchos buenos consejos. Intentar digerirlo todo le dejará con muchos buenos consejos y posiblemente un dolor de cabeza. De hecho, los diferentes modelos, modas y tendencias de liderazgo suelen ser cíclicos. Surge un modelo más nuevo para reemplazar el existente.

Hoy, el Liderazgo Transformacional (una teoría de liderazgo donde un líder trabaja con equipos para identificar el cambio necesario, creando una visión para guiar el cambio a través de la inspiración y ejecutando el cambio en conjunto con miembros comprometidos de un grupo) actualmente disfruta de altas calificaciones en "cómo liderar". Pero tan pronto como se apague, habrá otro modelo caliente para reemplazarlo.

Si bien aplaudimos el modelo de liderazgo transformador y otros, no existe un enfoque de "talla única" para los líderes. Por lo tanto, no es nuestro propósito persuadir a los líderes para que adopten un modelo particular de liderazgo. En cambio, nos enfocamos en el trabajo crítico de los líderes, independientemente de su estilo individual, uno que brinde a la organización claridad, inspiración y una hoja de ruta que brinde una ventaja significativa sobre sus competidores.

El Trabajo Crítico del Liderazgo en los Esfuerzos de Mejora Continua

"El liderazgo es la capacidad de traducir la visión en realidad"

- Warren Bennis

El trabajo de liderazgo, tal como se aplica en los esfuerzos de mejora continua, se reduce a cuatro actividades principales:

▶ Establecer dirección

▶ Comunicar

▶ Generar compromiso

▶ Liberar la capacidad interna

Establecer dirección: liderar el camino

Al establecer la dirección, ya sea para una transformación organizacional completa o simplemente para la introducción de una iniciativa de mejora continua variada, la preparación para crear una visión y una estrategia es muy similar.

Para establecer la dirección y crear un plan realista, es imperativo obtener una comprensión profunda de ciertos elementos básicos, que son:

▶ Los requisitos actuales y futuros de las partes interesadas clave (es decir, clientes, gerencia, empleados, proveedores, competidores, sindicatos, comunidad, otros).

▶ Qué están haciendo sus competidores para cumplir con los requisitos de sus partes interesadas.

▶ Innovaciones y tendencias de la industria.

▶ Una evaluación honesta de la posición actual de su organización.

▶ Otros posibles desafíos.

Una evaluación precisa es vital ya que muchas decisiones y planes futuros surgirán de estos hallazgos. El establecimiento de un grupo de trabajo competente puede ayudar a garantizar que se desarrolle una evaluación integral.

Una vez completada esta evaluación, a menudo compilada por un grupo de tareas, usted y su equipo ahora pueden comenzar a desarrollar una visión inspiradora y un plan estratégico con objetivos, puntos de referencia y metas específicos necesarios para el éxito. Al trabajar concienzudamente a través de los diversos pasos en un proceso de planificación integral, está adquiriendo el conocimiento y la claridad necesarios para informar y persuadir a sus colegas de que el nuevo camino que se está trazando es uno que es importante para ellos y vital para la organización.

Incluso los pequeños esfuerzos de cambio merecen la misma previsión y conocimiento necesarios para optimizar el éxito.

Cree una visión

Una visión bien articulada puede actuar como una "Estrella del Norte" para una organización. Proporciona una dirección clara, inspira confianza en el futuro y sienta las bases para desarrollar una estrategia integral. A diferencia de las estrategias y metas, una visión permanece constante y rara vez cambia. Además, la probabilidad de que un esfuerzo se convierta en el "sabor del mes" disminuye a medida que la visión responde a muchas preguntas antes de que se hagan y comunica a la organización que se proporcionarán los recursos necesarios.

Desarrolle la visión y la estrategia

No existe un enfoque de "una manera correcta" para diseñar una visión y una estrategia, pero los aspectos importantes incluyen los siguientes:

▶ **Basándose en un futuro e inspirador:** Describa una imagen deseable de un estado futuro que energiza e involucra a los involucrados.

▶ **Atractivas:** Que le hable tanto a las partes interesadas internas como externas.

▶ **Desafiante pero realista:** La visión debe ser demandante, pero lograble. No un pastel en el cielo.

▶ **Claras y precisas:** Manténganlas simples, pero proporcione suficientes detalles para que otros sepan hacia dónde se dirigen.

▶ **Específicas:** Proporcione objetivos, métricas y plazos claros y comprensibles.

▶ **Responden al "POR QUÉ":** Comunican la razón por la que este cambio es importante.

Comunicar: Desarrollo de un Programa Eficaz

Comunicar eficazmente su iniciativa de cambio, anticipar y abordar adecuadamente las preguntas de sus colegas sientan las bases para un programa exitoso.

En repetidas ocasiones hemos descubierto que el desarrollo y la implementación de una estrategia de comunicación integral a menudo recibe poca atención o se ignora por completo. Hemos aprendido que la comunicación directa, honesta y práctica pesa mucho en cómo se ve la iniciativa de cambio y tiene un impacto significativo en la velocidad de adopción.

Cuando falta la comunicación o se ejecuta mal, se crea un vacío y se abre a malentendidos, rumores e incluso sabotajes.

Figura 1: Los departamentos se reúnen para identificar estrategias, objetivos y metas.

El Salto de Fe

Es comprensible que los empleados, desde el nivel ejecutivo hasta la línea de frente, sean cautelosos a la hora de prestar su respaldo y apoyo a algo nuevo e inexplorado. Un instinto de supervivencia racional de "¿cómo me afecta esto?" entra en juego, a menudo inconscientemente, en todos nosotros.

Entonces, ¿qué se necesita para que un miembro típico de su organización dé ese salto de fe y se comprometa voluntariamente y apoye genuinamente una nueva visión? Hemos descubierto que adaptar sus comunicaciones para abordar preguntas legítimas y las aprehensiones de sus colegas desde el principio, antes de su lanzamiento, ayudará a mitigar el miedo y la resistencia.

A continuación se enumeran los diversos aspectos de la comunicación de la visión y el plan que lo ayudarán a abordar los miedos naturales, hablados y no expresados, de muchos de sus colegas. Estos factores pueden tener un impacto significativo en la adopción o el rechazo de los esfuerzos de cambio. Incluyen:

▶ **Haga la Visión Clara:** Una visión describe un estado futuro y debe ser compartida y adoptada por sus colegas. Es vital que cada persona comprenda la visión y pueda compartirla con los demás de una manera que les importe. Las personas no necesitan todos los detalles, pero quieren saber qué significa la visión y cómo este cambio los afecta a ellos y a su trabajo. Es importante recordar que sus colegas buscan información de una persona que conocen y en quien confían. Esté bien preparado para compartir la información en tres minutos o menos. (ver "discurso de ascensor" en el capítulo de alineación de objetivos).

▶ **El Por qué:** Las personas dentro de su organización deben comprender completamente el "por qué" existe la necesidad de cambio, y el "por qué" *debe ser convincente para ellos e importante para la organización.* Explique y demuestre las razones por las que el statu quo ya no es satisfactorio. Comparta datos que demuestren la necesidad de un cambio. Infórmeles de las crecientes expectativas de sus partes interesadas, especialmente de los clientes. Comparta datos de la industria y lo que está haciendo su competencia. Recuerde, si no sé "por qué" el cambio es importante, ¡entonces el "cómo" realmente no importa!

▶ **Comunicar continuamente:** Todavía tenemos que encontrar una organización que se comunique demasiado. El uso de todas las formas, canales y técnicas de comunicación disponibles aumenta exponencialmente el apoyo y la participación. Actualice el progreso con regularidad y comparta éxitos, fracasos y desafíos. Reconocer las decepciones y la adversidad demuestra honestidad y confirma problemas de la vida real que deben superarse.

▶ **Haga de la visión un punto focal que demuestre orgullo y compromiso.** Utilice todos los medios a su disposición. Considere la posibilidad de señalización, boletines, tableros de anuncios, intranet, reuniones personales, reuniones del ayuntamiento, etc. Algunas organizaciones han encontrado obsequios como camisetas, tazas de café, etc., que aumentan la emoción.

▶ **Explique los beneficios:** Las personas deben ver claramente cómo este "cambio" mejorará su organización y cómo los beneficia personalmente. Comparta las victorias iniciales, los objetivos y los hitos alcanzados. Conecte estos resultados positivos con los beneficios personales y organizacionales. Reconozca el buen desempeño.

▶ **Manténgalo simple:** Su mensaje debe ser sencillo y directo. Demasiados detalles confunden e inquietan. Comparta los conceptos básicos: Qué, Cómo, Quién y Cuándo.

▶ **Sea paciente:** No espere que las personas adopten rápidamente una nueva iniciativa de innovación o cambio. La cultura y los comportamientos de su organización se han endurecido con el tiempo, a veces décadas. Los cambios en estos hábitos y costumbres requieren tiempo y esfuerzo. Con compromiso, refuerzo y con el ejemplo, los colegas se unirán al esfuerzo, con el tiempo. (Consulte Difusión de innovaciones en la sección Raíces).

▶ **Busque retroalimentación:** Es posible que esté empleando los mejores métodos para comunicar los diversos aspectos de su esfuerzo de cambio en toda su organización, pero hay más. Para mantenerse al día, cree oportunidades para que los colegas le brinden sus comentarios, dando la bienvenida tanto a los buenos como a los malos. Aprenda de sus colegas lo que piensan, sus preocupaciones y sus deseos. Comparta lo que aprenda con otros líderes y resuelva inquietudes legítimas.

Debido a que está inmerso en los detalles del día a día del esfuerzo, es probable que sea bastante sensible a cualquier crítica o consejo que pueda recibir de sus colegas. Sin embargo, crear un ambiente de confianza, donde las diferencias de opinión y las críticas son bienvenidas, permite que otros sientan que están siendo escuchados y que pueden decir abiertamente lo que piensan.

Al final del día, escuchar y actuar en base a los comentarios de los compañeros genera una mayor propiedad y apoyo. La buena comunicación es una vía de doble sentido: necesita comentarios, tanto positivos como negativos.

Generar compromiso, de todo corazón, sin reservas

"Hasta que uno no se compromete, hay vacilación, la posibilidad de retroceder, siempre ineficacia. Con respecto a todos los actos de iniciativa y creación, hay una verdad elemental cuya ignorancia mata innumerables ideas y planes espléndidos: que en el momento en que uno se compromete definitivamente, la providencia también se mueve. Suceden todo tipo de cosas para ayudar que, de otro modo, nunca hubieran ocurrido. Toda una serie de eventos surgen de la decisión, levantando a su favor todo tipo de incidentes imprevistos, reuniones y asistencia material que ningún hombre hubiera soñado que podrían ocurrir. He aprendido un profundo respeto por una de las coplas de Goethe: "¡Todo lo que puedas hacer, o sueñes que puedas, empieza!" La audacia tiene genio, magia y poder ".

- W.H. Murray, en la Expedición Escocesa al Himalaya en el reconocimiento del Everest de 1951[25]

---

[25] W.H. Murray. *The Evidence of Things Not Seen: A Mountaineer's Tale.* (London: Baton Wicks . 2002).

Hacer lo que se dice

Nada puede socavar más el compromiso con una nueva empresa que los líderes que dicen una cosa y luego hacen otra. El comportamiento de los líderes habla más fuerte a los empleados y clientes de lo que cualquier palabra en la pared podría decir.

Al recordar uno de los ejemplos más escandalosos de las acciones de los líderes que no se alinean con su estrategia, me viene a la mente de inmediato al recordar las crisis experimentadas en 2008 en la industria automotriz de EE. UU.:

Los tres grandes fabricantes de automóviles, General Motors, Ford y Chrysler, se encontraban en una situación desesperada con la perspectiva de la bancarrota a meses uno del otro. Los CEOs hicieron un llamamiento al Congreso de los Estados Unidos para comparecer ante ellos. Su objetivo era explicar su difícil situación y asegurar un rescate de los contribuyentes de $ 25 mil millones.

El 18 de noviembre de 2008, los tres CEOs viajaron a Washington, D.C., para explicar el dilema financiero de sus empresas y pedir ayuda. Los CEOs optaron por volar en sus aviones corporativos desde Detroit hasta la capital. Rick Wagoner voló en un avión de lujo de 36 millones de dólares de GM para decirles a los miembros del Congreso que la compañía está gastando dinero en efectivo, pidiendo entre 10 y 12 mil millones de dólares solo para GM.

Algunos miembros del Congreso fueron alertados por la prensa sobre sus viajes en avión y se indignaron:

"Es una deliciosa ironía ver aviones de lujo privados volando a Washington, DC, y personas que salen de ellos con vasos de hojalata en la mano, diciendo que van a reducir y optimizar sus negocios", dijo el representante Gary Ackerman (D-New York) a los CEOs de Ford, Chrysler y General Motors en una audiencia del Comité de Servicios Financieros de la Cámara.

"Es casi como ver a un tipo aparecer en el comedor de beneficencia con sombrero alto y esmoquin. Te hace sospechar un poco ".

Añadió: "¿No pudieron todos haber bajado de categoría a primera clase o pagar en grupo un avión , o algo para llegar aquí? Al menos habría enviado un mensaje de que lo entendiste"[26].

El costo del viaje en jet corporativo para el Sr. Waggoner fue de $ 20,000 en comparación con un viaje en autobús a $ 288 y en primera clase a $ 837[27].

Los CEOs se marcharon ese día reprendidos y sin votar sobre el rescate. Para una audiencia de seguimiento, nuevamente apelando al Comité de Finanzas del Senado, los tres directores ejecutivos se dirigieron a Washington en vehículos híbridos.

Ejemplo de regreso a casa

Si bien la historia del líder automotriz es extrema, un ejemplo memorable de no hacer lo que se dice, ocurrió en un sitio de fabricación de acero donde trabajamos recientemente. Aquí, se inició una iniciativa 5S Área de Trabajo Visual y fue dirigida por el Gerente de Calidad. El objetivo de este programa 5S era "crear un lugar de trabajo seguro, agradable, organizado y eficiente eliminando el desperdicio y facilitando el trabajo".

Imagínese esto: la oficina del gerente de calidad estaba en un pasillo principal que recorrían todos los empleados: la puerta siempre estaba abierta. La oficina era una pocilga. Se apilaban

---

[26] Josh Lewis. November, 2008.
   https://www.cnn.com/2008/US/11/19/autos.ceo.jets/

[27] Brian Ross & Joseph Rhee. November, 2008.
   https://abcnews.go.com/Blotter/WallStreet/story?id=6285739&page=1

muestras de materiales desde el suelo hasta el alféizar de la ventana. La grasa y el aceite que goteaban de las muestras y cubrían el piso. Los manuales y el papeleo se amontonaban sobre el escritorio y los cajones de los gabinetes estaban desbordados y no se podían cerrar. Estaba claro que esta oficina no se había limpiado y organizado en años. La broma en la planta era que este gerente era el líder del nuevo programa 5S Área de Trabajo Visual. Lamentablemente, surgió la pregunta: ¿se espera realmente que los empleados se tomen este esfuerzo en serio?

El comportamiento abre el camino

"La herramienta de liderazgo más poderosa que tiene es su propio ejemplo personal".

**- John Wooden,
Jugador de baloncesto estadounidense - Ex entrenador
en jefe del equipo de UCLA**

Toda iniciativa de cambio requiere ciertos cambios de comportamiento. Pero cambiar, "cómo hacemos las cosas aquí" no es fácil y requiere perseverancia, disciplina y liderar con el ejemplo. La importancia del liderazgo, demostrando y adoptando diferentes comportamientos que apoyen la nueva visión, es necesaria y el impacto no puede ser exagerado. Por ejemplo, si se requieren reuniones diarias del equipo de la línea de frente, el líder en esa área podría asistir y participar cada semana. Cuando los empleados son responsables de mantener su área limpia y ordenada, el líder podría mantener visiblemente su propio espacio de trabajo y participar en las auditorías de limpieza del área. Si se fomentan las ideas de innovación y mejora, el líder podría desempeñar un papel activo para garantizar que las recomendaciones de mejora se evalúen rápidamente y las respaldadas se implementen.

Trabajo estándar

Una forma probada y eficaz de inculcar un cambio de comportamiento es mediante la adopción de "trabajo estándar", que definimos como una lista de tareas que deben realizarse para respaldar los cambios deseados. Al establecer tareas estandarizadas, los empleados de toda la organización observan y participan en la acción de nuevos comportamientos consistentes con la visión. Por ejemplo, si la visión fue la que inició un 5S - Proceso visual en el lugar de trabajo, algunas tareas estándar típicas podrían incluir:

Tareas	Quién	Frecuencia
Realizar auditoría 5S	Supervisor	2 veces por semana
Charla de capacitación 5S	Supervisor / Líder de equipo	1 vez por semana
Inspección de máquinas	Supervisor / Operador de Máquina	1 vez por semana
Evento de etiqueta roja / Señalización	Miembros del equipo	Trimestralmente
Actualizar el tablero de oportunidades	Líder de equipo / Miembros	Semanalmente
Evaluación de checklists	Gerente de área	Mensualmente
5S al final del día	Miembros de equipo	Diario

Al definir claramente el "trabajo estándar" para el Proceso de las 5S, se están introduciendo nuevos comportamientos que son necesarios para respaldar la visión. El compromiso ahora se vuelve claro.

Procedimientos Operativos Estándar – POEs (SOP en inglés)

Procedimientos Operativos Estándar es un término y una práctica con la que muchos de nosotros estamos familiarizados. Los POEs son simplemente documentos que definen cómo realizar una tarea. Al seguir un procedimiento establecido, se garantiza el cumplimiento de la seguridad y el rendimiento. La modificación de los POEs para respaldar una visión fomenta los cambios de comportamiento necesarios para lograr las nuevas metas.

Un PEO típico detalla una serie de temas de cumplimiento, pero un ejemplo de cómo agregar a un PEO de fabricación para respaldar un proceso 5S Trabajo Visual podría incluir:

▶ Asegure de que solo los materiales para el trabajo actual queden en su área de trabajo.

▶ Sus herramientas e instrumentos están clasificados, etiquetados y en su banco de trabajo.

▶ Todos los desechos y productos defectuosos se colocan inmediatamente en el "contenedor de desechos".

▶ Su banco de trabajo y el piso de su área de trabajo están libres de suciedad, aceite y agua.

▶ El interruptor de conexión a tierra se etiqueta y se prueba al comienzo de cada turno.

▶ El trabajo en progreso o WIP está claramente identificado y bien almacenado.

▶ 5S en 5 minutos al final del turno.

En este ejemplo, al modificar el POE para respaldar el Proceso de las 5S, usted está impactando, de manera positiva, los comportamientos de las personas y, por lo tanto, cambiando suavemente la cultura de su organización. ¿Qué comportamientos de liderazgo deben convertirse en el nuevo estándar para cambiar la cultura de su organización?

Creación de Capacidad Interna: Liberando el Talento Interior

El entorno empresarial actual requiere que las organizaciones utilicen la experiencia y el talento de sus empleados como nunca antes, y el impacto final positivo resultante es innegable. (ver capítulo sobre Compromiso de los Empleados).

Crear una cultura en el lugar de trabajo donde los empleados estén dispuestos o incluso ansiosos por asumir una mayor responsabilidad y control es un desafío al que se enfrenta cada líder de Mejora Continua. En la mayoría de las organizaciones tradicionales, resolver problemas e iniciar mejoras era competencia exclusiva del grupo de gerencial.

Con este trasfondo histórico, la expansión del papel de las bases para participar en la resolución de problemas e iniciar mejoras a veces se ve con sospecha. La línea del frente pueden interpretar estos cambios como un aumento de su carga laboral, mientras que algunos miembros de la gerencia pueden ver los cambios como una invasión a su trabajo y considerarlo una amenaza.

Nuestra experiencia ha demostrado repetidamente que, dada la oportunidad, los colegas de todo tipo se enfrentan a los desafíos y sorprenden continuamente con sus talentos.

Sugerimos estos pocos pasos positivos, independientemente de cuán progresista o tradicional sea su entorno organizacional actual, para ganar la confianza tanto de la gerencia como de la línea de frente:

Construya Confianza

La gente no seguirá a aquellos en quienes no confía. Como líder visible en su esfuerzo de cambio, sus colegas deben aprender a confiar en usted. Al hacer lo que dice y decir lo que hace repetidamente, una y otra vez, se mantiene fiel a su palabra.

Cumplir cuando dice que lo hará demuestra su compromiso e invita a otros a hacer lo mismo.

Las desilusiones del pasado, las promesas hechas y rotas, los sabores del mes, etc., están en la mente de muchos al lanzar un nuevo esfuerzo de cambio. Reconocer fallas pasadas (todas las organizaciones las han tenido) contribuye a la credibilidad de su liderazgo y proporciona pautas para este nuevo esfuerzo. Aprender de los errores y hacer correcciones en el curso son las señas de identidad de los grandes líderes y las grandes organizaciones.

Habla Siempre la Verdad

Brinde a sus colegas los hechos concretos, compartiendo lo que sabe sobre el estado de la iniciativa, sus éxitos y sus luchas. Las actualizaciones no siempre serán buenas noticias. Si bien no es agradable compartir reveses y errores, sus colegas merecen conocer los detalles y son bastante capaces de lidiar con ellos. Es probable que ya hayan escuchado las malas noticias, ya que ese tipo de datos generalmente viajan mucho más rápido que los buenos.

Al contarlo como es, ganará respeto y apoyo. Cuando les diga la verdad a sus colegas, ellos a su vez compartirán lo que realmente está sucediendo, cosas que quizás nunca descubra. Su credibilidad es primordial, así que protégela. Si hay cosas que no puede discutir o compartir con otros, simplemente dígalo y revele lo que pueda. Sus colegas apreciarán su franqueza y enfoque directo.

Fomente el Sentido de Propiedad

Como líder en el esfuerzo, está muy comprometido con su éxito. Pero la sostenibilidad real radica en crear un sentido de propiedad genuino entre la mayoría de sus colegas en todos los niveles. Cuando sus compañeros de trabajo asumen la propiedad de su trabajo diario y sus resultados, generalmente muestran una mayor responsabilidad, toman decisiones bien informadas, mejoran su desempeño y trabajan para resolver problemas. El sentido de propiedad aumenta aún más cuando se reconoce y celebra el buen desempeño.

Establezca Metas Individuales y de Equipo que Respalden la Visión

Cada visión debe ir acompañada de una estrategia, objetivos e hitos. Crear una línea de visión clara entre los objetivos estratégicos establecidos en la visión y las metas diarias, las medidas y el trabajo de los empleados resalta la importancia del cambio y agrega responsabilidad individual al sistema. El logro de estos objetivos individuales o de equipo se conecta con la visión y debe reconocerse y recompensarse fácilmente.

Mostrar visualmente los resultados positivos y los hitos alcanzados demuestra el compromiso y el apoyo organizacional continuo. Exija responsabilidad y reconozca el buen desempeño. Comparta los éxitos y dé el crédito donde se lo merece. Celebre las ganancias con regularidad.

Lidiar con la resistencia – Es Normal y Predecible

Cuando se introduce una iniciativa de cambio, la mayoría de las personas se encuentran en algún lugar de una escala que va desde la renuencia a la resistencia. Sus colegas pueden eventualmente apoyar la visión o no. Debido a que una nueva visión requiere un cambio, y el cambio puede ser incómodo, cada individuo evaluará el esfuerzo en función de sus criterios individuales. Nos guste o no, *cada esfuerzo de cambio es valorado, positiva o negativamente, por cada individuo de la organización.*

Sesgo de Status Quo

"El sesgo del status quo se refiere al fenómeno de preferir que el entorno y / o la situación de uno permanezca como ya es". El término fue introducido por primera vez en 1988 por Samuelson y Zeckhauser, quienes demostraron el sesgo de statu quo a través de una serie de experimentos de toma de decisiones. Su investigación identificó varias posibles razones diferentes para el sesgo del statu quo, de las cuales la "aversión a las pérdidas" en el entorno laboral parece ser la más aplicable.[28]

Aversión a la Pérdida

"Cuando las personas toman decisiones, *sopesan el potencial de pérdida más que el potencial de ganancia.* Por lo tanto, cuando analizan un conjunto de opciones, se centran más en lo que podrían perder al abandonar el status quo que en lo que podrían ganar al probar algo nuevo".[29]

La resistencia al cambio es universal y se aplica por igual a los principales líderes, gerentes, supervisores y colegas de la línea de frente. Como seres humanos, preferimos la igualdad y la previsibilidad a la incertidumbre y el azar. Esto es cierto incluso sabiendo que lo único seguro en la vida es el cambio en sí mismo; sin embargo, nosotros, en nuestras fibras más profundas, lo encontramos inquietante y estresante.

Factores de Resistencia

Existe una variedad de otras razones por las que las personas se resisten al cambio, además del deseo profundamente arraigado de mantener el status quo. Mientras sus colegas sopesan los aspectos de riesgo y recompensa de la iniciativa propuesta, también recuerdan sus experiencias pasadas con los esfuerzos de cambio y

---

[28] William Samuelson and Richard Zeckhauser. "Status Quo Bias in Decision Making." *Journal of Risk and Uncertainty*. 1988. vol. 1, no. 1, pp. 7-59.

[29] Cynthia Vinney. Status Quo Bias: What it Means and How it Affect Your Behavior. December, 2019. thoughtco.com/status-quo-bias-4172981

cómo se desarrollaron a largo plazo. ¿Fueron ganadores o perdedores al final del día? ¿Los cambios facilitaron o dificultaron su trabajo? ¿El esfuerzo cumplió con las afirmaciones de mejora? ¿Tuvieron los colegas el tiempo suficiente para asumir las tareas requeridas? ¿Su líder de cambio fue confiable y honesto con ellos? Todas estas y muchas otras preocupaciones son reales para usted y sus colegas y sientan las bases para esta nueva iniciativa.

Por legítimas e impactantes que puedan ser estas experiencias y lecciones, hemos descubierto que la razón principal por la que las personas se resisten al cambio se reduce a: ¡MIEDO! No es que nadie lo admita, ni se etiquete como "miedo", pero cualquier nueva iniciativa de mejora, ya sea mayor o menor, a menudo conduce a cambios en el método, la mano de obra, la tecnología, el proceso y / o el producto. Combine estos cambios con experiencias pasadas en esfuerzos anteriores, esperadas mejoras en la eficiencia y reducción de costos, y este "nuevo programa" puede significar "pérdida" para muchos. Si bien los "miedos" de cada individuo varían, el miedo a menudo se divide en tres áreas principales:

▶ **Miedo a perder el trabajo:** ¿Este cambio socavará mi puesto actual? ¿Tendré mi trabajo después de que se implemente esta nueva iniciativa? ¿Qué pasa si intento y fallo?

▶ **Miedo a lo desconocido:** ¿Qué cambios tendré que hacer? ¿Cómo cambiarán mi carga de trabajo y mis responsabilidades? ¿Qué me exigirá mi supervisor? ¿Me ayudarán? ¿Estaré avergonzado?

▶ **¿Miedo por mi futuro?** ¿Soy capaz de aprender nuevas habilidades que puedan ser necesarias? ¿Me entrenarán? ¿Esto me brindará oportunidades? ¿Qué hay para mi ahí dentro?

Desde la perspectiva de su colega, ambos la gerencia como la línea de frente, una iniciativa de cambio cambia el status quo y agrega elementos de imprevisibilidad. La mayoría de las personas se suscriben al viejo adagio: "El diablo que conoces es mejor que el diablo que no conoces". Esta es simplemente la naturaleza humana. Si bien estos tres "factores del miedo" no son las únicas fuentes de resistencia, son fundamentales para la mayoría de las personas.

Figura 2: Líder de grupo reduce la resistencia explicando gráficos a sus compañeros.

Combatiendo las Fuerzas del Miedo y la Resistencia

El cambio es inquietante tanto para las personas como para los departamentos. Muchos temores y preocupaciones de todo tipo persiguen a muchos, ya que se les pide a los colegas que adopten e implementen nuevos comportamientos y / o diferentes prácticas laborales. Si bien estas preocupaciones pueden no surgir en un foro público, reuniones de equipo o incluso en la sala de descanso, no significa que no existan. Las preocupaciones son personales y, si no se abordan, a menudo retrasan o incluso sabotean el cambio tan necesario.

Además de incluir un enfoque integral para lidiar con la resistencia en su planificación, usted y otros líderes pueden marcar una gran diferencia en la adopción de su iniciativa de Mejora Continua al:

► **Estar disponible:** Salga de su rutina actual para hablar con las personas que sospecha que tienen dificultades. Su comportamiento y falta de compromiso es una pista de que algo anda mal.

► **Hablar en privado y en forma confidencial:** Anime a sus colegas a compartir su malestar.

► **Adopte un sentido genuino de curiosidad:** Escuche para saber cómo ven el nuevo programa. Hágales saber que le importa y que sus preocupaciones son importantes.

► **No discutir ni intentar persuadir:** busque en su lugar pistas sobre lo que se necesitaría para incorporarlos.

► **Comparta ejemplos** de esfuerzos de cambio exitosos similares en los que existían temores pero nunca se materializaron.

► **Brinde toda la ayuda que tenga disponible:** capacitación, entrenamiento en el trabajo, clases, etc.

► **Sea paciente y comprensivo:** reconozca que sus colegas quieren contribuir y deben estar seguros de que tienen lo que se necesita.

Tenga en cuenta que si una persona se resiste al cambio por una razón específica, puede estar seguro de que hay otras personas que sienten lo mismo. Hacer un esfuerzo personal para aliviar sus preocupaciones ayudará a legitimar sus preocupaciones y mitigar la resistencia innecesaria.

Reconozca siempre que una iniciativa "nueva" trae consigo un sentido legítimo de preocupación. Ya sean ejecutivos o colaboradores en la línea de frente, sus colegas se preguntarán si tienen la capacidad, el tiempo y la competencia para realizar las nuevas tareas que se les demandan. **Se necesita valor para saltar**

a bordo. Asegúreles si puede. Si se les brindará capacitación y / u otro tipo de apoyo, deben saberlo. **Aproveche cada oportunidad no solo para hablar sobre lo que requiere el cambio, sino también para discutir lo que permanecerá igual y no cambiará.**

Escuchar a un colega de confianza es reconfortante y apreciado. Además, los líderes de Mejora Continua deben intentar identificar otras áreas potenciales de resistencia y abordarlas si es posible. No descarte estos factores de resistencia como insignificantes. Estos factores son muy reales y amenazadores para algunos de sus colegas. Diríjase a ellos desde el principio. Es mejor enfrentarlos de frente que pelear esta batalla más tarde.

"Si usted es líder, su equipo le vigila. ¿De verdad cree en lo que dice? El equipo buscará continuamente pistas e inconsistencias en su mensaje y sus acciones. Si encuentran esas inconsistencias, pronto será testigo de un aumento del miedo. No hace falta mucho miedo para acabar con esa cultura de sentirse seguro, y de repente usted estará comandando una cultura de inseguridad".

—Richard Sheridan, autor y director ejecutivo de Menlo Innovations, ganó el premio Alfred P. Sloan a la excelencia empresarial en el lugar de trabajo.

La Consistencia Conduce a la Sostenibilidad

La inconsistencia en nuestra organización puede ser el método más rápido para anular una iniciativa de mejora continua. Un mensaje claro, respaldado con acciones consistentes, define las expectativas y los estándares que impulsan los programas de mejora continua. Los empleados deben saber qué esperar y qué se les pide. Los mensajes mixtos y las áreas grises inspiran la variabilidad dentro de las organizaciones que pueden socavar los resultados deseados. Los estándares definidos, respaldados por la responsabilidad, estabilizan ese ritmo diario de mejora continua.

Si bien siempre habrá ocasiones de trastornos y trastornos en todas las organizaciones, una cultura de mejora continua proporciona el proceso para abordar estos trastornos y anomalías. Ese proceso y las nuevas rutinas pueden convertirse en un factor confiable y constante en un mundo de caos en el que cualquier nivel de liderazgo o empleado puede apoyarse en un momento de crisis.

El uso de herramientas como el coaching, la gestión visual y el reconocimiento brindan a una organización la oportunidad de aliviar el miedo, fomentar la propiedad, cambiar los hábitos culturales y fomentar el compromiso. Estas herramientas son parte de ese ritmo diario de mejora continua y la coherencia necesaria para fomentar un entorno seguro, cerrar las brechas y mantener una cultura de mejora continua.

Liderazgo versus Administración (el trabajo)

Reconocer las diferencias entre liderar y administrar nos proporciona una claridad adicional sobre los roles y responsabilidades que cada uno juega en las organizaciones. En la siguiente cuadrícula, esas diferencias se vuelven claras.

Los diferentes roles del liderazgo y la gestión

	LIDERAZGO conduciendo	ADMINISTRACIÓN implementando
Estableciendo la Dirección	- Evalúa las necesidades actuales y futuras de las partes interesadas clave. - Incorpora las tendencias de la industria.	- Los gerentes agregan detalles a la estrategia. - Alinea sistemas y gestiona la eficiencia. - Desarrolla presupuestos / mano de obra.

	LIDERAZGO conduciendo	ADMINISTRACIÓN implementando
	• Anticipa a los competidores. • Crea una visión para el futuro. • Desarrolla estrategias y metas. • Proporciona recursos.	• Establece políticas y procesos. • Garantiza la previsibilidad.
Comunicándose Efectivamente	• Comunica la visión a través de todos los métodos de comunicación; aclara por qué esto es vital. • Asegura a sus colegas que el liderazgo está en esto con ellos. • Comparte el apoyo y la ayuda que se brindará. • Explica qué se espera lograr.	• Explica los cambios necesarios y lo que seguirá igual. • Deja tiempo para reuniones individuales y de equipo. • Responde preguntas. • Busca comentarios para compartir con otros gerentes.
Generando Compromiso	• Predica con el ejemplo. • Reconoce y promueve a los partidarios del	• Aborda los temores de sus compañeros. • Resuelve problemas.

	LIDERAZGO conduciendo	ADMINISTRACIÓN implementando
	esfuerzo de cambio. • Aborda a los gerentes y supervisores que son barreras al esfuerzo. • Exige responsabilidad. • Premia los éxitos.	• Conecta tareas y metas con la visión y estrategias. • Inculcar la responsabilidad.
Creación de Capacidad Interna "Liberando El talento interno"	• Alinea los sistemas para respaldar el esfuerzo. • Delega autoridad. • Pasa tiempo en primera línea. • Elimina los obstáculos para el enganche.	• Capacita, entrena y supervisa. • Reconoce el buen desempeño. • Delega autoridad. • Implementa buenas ideas.

"No es mi Trabajo Liderar"

Tenga en cuenta que es fácil, seguro y conveniente para algunos miembros de una organización dar un paso atrás y aplazar la responsabilidad de liderar el cambio al nivel ejecutivo. "Por eso les pagan mucho dinero" se escucha a menudo. Desafortunadamente, el cambio no es tan conveniente ni tan simple. Para tener éxito, el compromiso de las personas en todos los niveles de la organización es vital. No solo los ejecutivos sufrirán si su iniciativa falla, toda la organización sufre y el impacto del fracaso se comparte desde la sala de juntas hasta la sala de descanso.

Ampliando su Huella de "Liderazgo"

Históricamente, la responsabilidad de implementar iniciativas de cambio ha recaído directamente sobre los hombros del grupo de liderazgo ejecutivo. La noción arraigada de que la autoridad, el rango y el título equiparían automáticamente a los líderes de una organización con el conocimiento, la capacidad y las herramientas para impulsar la mejora continua es incompleta. Al colocar el éxito o el fracaso únicamente en sus cabezas, obstaculizamos las iniciativas de cambio de nuestra organización desde el principio.

Sabemos por experiencia que no importa cuán competente y perspicaz sea un grupo de líderes ejecutivos y sus gerentes, su esfera de influencia y capacidad para impulsar mejoras es limitada. Aquí radica una oportunidad.

Si su situación es como la de la mayoría, dentro de su organización hay hombres y mujeres en las filas que son los primeros en adoptar el cambio y líderes naturales entre sus pares. Estos miembros de la base tienen la capacidad y la voluntad de influir y motivar a sus colegas a trabajar para lograr objetivos comunes. Es fundamental para el éxito de su iniciativa identificar a estas personas. Así es cómo:

Combinando habilidades técnicas y personales

Cuando buscamos colegas para reforzar su equipo de liderazgo, por lo general buscamos personas de rango y archivo que tengan conocimientos técnicos en la materia combinada con ciertas habilidades con las personas.

Las calificaciones técnicas están relacionadas con la experiencia práctica; conocimientos y habilidades relacionados específicamente con el esfuerzo de mejora. Por ejemplo, si el enfoque es "mejorar el proceso de facturación", entonces alguien que esté familiarizado con los diferentes aspectos de la facturación y la conciencia del cliente debe considerarse un candidato para ayudar con la iniciativa de cambio.

Por importantes que sean estas habilidades técnicas, el candidato ideal también debe poder relacionarse e interactuar bien y liderar a sus colegas del área de facturación.

Las tres habilidades interpersonales que consideramos más importantes para expandir la huella de liderazgo son:

Integridad:

► Cumple su palabra

► Muestra respeto por los demás

► Responsable

► Confiable

Colaborativo:

► Comparte datos e información con compañeros de equipo

► Los colegas tienen la misma voz / se prefieren las decisiones por consenso

► No necesita ser el centro de atención

► Interactúa bien con otros departamentos

Solucionador de problemas:

► Enfocado: en la causa raíz

► De mente abierta y curioso / se adapta bien a desafíos complejos

► Busca oportunidades

► Continúa con la implementación

Estas personas pueden ayudarlo en sus esfuerzos de maneras que el liderazgo simplemente no puede. Traen las perspectivas de otros colegas de la línea de frente y aportan diferentes voces a la conversación. Considere cómo podría involucrarlos en sus esfuerzos, teniendo cuidado de no socavar u ofender a los encargados de algunos deberes similares. Tener un grupo de personas a las que acudir puede acelerar y dinamizar el esfuerzo de implementación. Encuéntrelos.

APRENDIZAJES DE LIDERAZGO

► La cultura triunfa sobre todo.

► Sin la adopción de una cultura organizacional que abrace el cambio y esté comprometida con la mejora continua, el programa morirá. Casi sin excepción, se requiere un cambio importante en la cultura para el éxito sostenido.

► Se requiere un liderazgo firme para establecer y mantener esta cultura.

► El Trabajo de los Líderes es:

- Establecer la dirección.
- Comunicar.
- Generando Compromiso
- Creación de capacidad interna

► Amplíe su Huella de Liderazgo: los líderes naturales (personas con influencia) están entre ustedes – BÚSQUELOS.

La plantilla de comportamientos de liderazgo está disponible para descargar en www.thefivekeys.org

CASO DE ESTUDIO: LAS DOS SITIOS HERMANOS RESOLVIENDO EL ROMPECABEZAS

Liderazgo: la capacidad de influir y motivar a un grupo de personas para trabajar hacia el logro de un objetivo común.

Las habilidades de un liderazgo competente se basan en el equilibrio adecuado entre liderar e comprometer a otros miembros mientras se gestiona la ejecución de proyectos, tareas y deberes. El liderazgo en el Sitio 1 entendió su rol.

En los primeros días de su implementación de Mejora Continua, usted no hubiera imaginado que el Sitio 1 se convertiría en el modelo de cultura de Mejora Continua dentro de la empresa. En América del Norte, había casi una docena de sitios con diferentes funciones y sectores comerciales. Y en todo el mundo, había docenas más.

Durante los primeros años, el progreso del Sitio 1 se mantuvo en la media del grupo, sin diferenciarse de otros sitios comerciales globales. De hecho, algunas ubicaciones de la empresa fueron reconocidas por su integración rápida y efectiva de Mejora Continua, según las medidas de desempeño de la empresa y las auditorías correspondientes. Lo que finalmente diferenció al Sitio 1 fue el enfoque de su líder en ser un modelo para los empleados. Aunque este enfoque no produjo resultados rápidos, penetró profundamente en la psique a largo plazo del sitio.

Al igual que la mayoría de los sitios de producción muy ocupados, puede ser difícil asegurar el tiempo necesario para reunir a todo un equipo de liderazgo para las sesiones de Mejora Continua. Sin embargo, esto nunca fue un problema en el Sitio 1. En las primeras etapas del programa, el equipo de liderazgo completo asistía a cada sesión que yo facilitaba con cada grupo de la línea de frente. Este nivel de compromiso funcionó en muchos niveles; el equipo de Liderazgo entendió el programa y las herramientas, demostró que el Liderazgo apoyaba el programa y, lo que es más importante, el Equipo de Liderazgo fue el primer grupo en adoptar el cambio de comportamientos requeridos en el sitio.

Con el paso de los años, el desarrollo de la capacidad interna con herramientas de mejora más avanzadas se convirtió en un objetivo. La misma dedicación mostrada continuamente por el Equipo de Liderazgo ahora era evidente entre todos los miembros del equipo. Las limitaciones de tiempo nunca se convirtieron en un problema.

La importancia cada vez mayor de la mejora continua entre el equipo de liderazgo en el Sitio 1 se refleja en la siguiente historia: Al comenzar el viaje de Mejora Continua, ayudé al Equipo de liderazgo en el desarrollo de su declaración de misión específica. Lo que decidieron fue una misión muy similar a la de otros sitios comerciales de la Compañía en todo el mundo: producir sus productos de manera segura, a tiempo y rentable para sus clientes.

Después de siete años con la misma misión, el Equipo me solicitó que facilitara una sesión para desarrollar una nueva declaración de misión. Parecía que la antigua misión ya no encajaba en el equipo. La declaración de misión que redactaron ese día reflejó un profundo conocimiento de la cultura de Mejora Continua y capturó su espíritu. La nueva misión ya no se centró únicamente en los productos producidos, sino que se concentró en su papel como líderes: *fomentar una cultura de crecimiento, aprendizaje continuo, seguridad, resolución de problemas y coaching.* Sabían que si se mantenían fieles a su misión, los resultados se obtendrían.

A pesar de nuestra recomendación, por el contrario, el equipo de liderazgo del sitio 2, adoptó un enfoque muy "no intervencionista" en sus iniciativas de mejora continua. El el equipo de liderazgo allí citó, una y otra vez, que uno de los principios de Mejora Continua es el compromiso de los miembros del equipo en la línea de frente.

Esta proclamación permitió que el equipo de liderazgo dejara de encabezar los esfuerzos de mejora alegando que el programa debe ganar impulso desde la línea de frente y que los proyectos deben desarrollarse desde el nivel básico: es "su" programa. Sin embargo, sin contar con el Liderazgo demostrando compromiso, estableciendo una dirección y "siguiendo el camino", era una causa perdida en la línea de frente. Esta abdicación de un rol de liderazgo generó confusión, comienzos en falso y un mayor cinismo entre todos los empleados.

El Sitio 2 intentó varios otros enfoques eludiendo el compromiso total que solicitamos del equipo de Liderazgo. Un empleado de la línea de frente fue puesto a cargo del programa de Mejora Continua. Una vez más, el equipo gerencial se mantuvo al margen. Este colega de la línea de frente hizo un trabajo maravilloso al estandarizar el proceso de mejora continua en el sitio. La iniciativa comenzó a ganar fuerza y se experimentaron los beneficios, pero en última instancia, el empleado de la línea de frente no podía pedir mucho a sus colegas. Eventualmente, se formó un comité directivo para apoyar al colega de primera línea con miembros del equipo de todas las funciones, excepto el equipo de liderazgo. El programa volvió a dar un salto adelante con mejoras realizadas en todos los departamentos. No se le dio autoridad al Comité y, con el tiempo, los miembros se sintieron frustrados: porque solo podían mover la aguja hasta cierto punto.

Con el tiempo, ciertas posiciones de liderazgo cambiaron, la propiedad de los equipos de la línea de frente creció y las responsabilidades de mejora continua se convirtieron en parte del trabajo. El sitio 2 continúa tratando de cerrar la brecha entre los dos sitios.

COMPROMISO

☑
SATISFACCIÓN DEL CLIENTE

☑
PRODUCTIVIDAD

☑
SEGURIDAD

☑
RENTABILIDAD

☑
RETENCIÓN DE EMPLEADOS

☑
RESOLUCIÓN DE PROBLEMAS

Compromiso: el involucramiento y la participación que tiene un empleado con su organización y sus objetivos.

"La verdad inquebrantable es que las personas quieren trabajar en una organización donde sean respetadas, valoradas y comprometidas. Cree esa cultura y aprovechará el potencial ilimitado que ofrece el compromiso de los colegas".

- Desconocido

El Por qué

¡E̲l COMPROMISO de los miembros en el área de trabajo es el recurso más dinámico y potente disponible para todas las organizaciones en la actualidad! Se destaca como un elemento que "cambio las reglas del juego" que podría marcar una gran diferencia en el rendimiento y la rentabilidad, y una extensa investigación lo demuestra.

Firmas de investigación muy respetadas como Blessing White, Deloitte, Gallup y muchas otras concluyen que la mayoría de las medidas de desempeño empresariales, como la productividad, la rentabilidad, los incidentes de seguridad, la satisfacción del cliente, la calidad, la retención de empleados y el ausentismo, se ven *afectadas positivamente por niveles más altos de compromiso de los empleados.*

El Poder del Compromiso

La encuesta de Gallup demuestra que el impacto real en estas medidas clave no es marginal sino *enorme* y demuestra cuán dramático puede ser realmente un "compromiso" de impacto.

Gallup compiló 263 estudios de investigación en 192 organizaciones en 49 industrias y 34 países. Dentro de cada estudio, los investigadores de Gallup calcularon estadísticamente la relación a nivel de unidad de trabajo entre el compromiso de los empleados y los resultados de desempeño que proporcionó la organización. Los investigadores estudiaron 49.928 unidades de trabajo, incluidos casi 1,4 millones de empleados. Esta octava iteración del meta-análisis confirmó aún más la conexión bien establecida entre el compromiso de los empleados y nueve resultados de desempeño[30].

---

[30] Susan Sorenson. Gallup. How Employee Engagement Drives Growth. 2013. gallup.com/workplace/236927/employee - engagement - drives - growth.aspx

Gallup mide el compromiso a través de elementos procesables en **el área de trabajo a través de vínculos comprobados con los resultados de desempeño**: oportunidades para que los trabajadores hagan lo que mejor saben hacer, oportunidades para desarrollar sus habilidades laborales y que sus opiniones cuenten[31].

¿Por qué es importante una Cultura de Alto Compromiso?

Según Gallup, "una fuerza laboral altamente comprometida significa la diferencia entre una empresa que supera a sus competidores y una que no logra crecer. Es una cuestión de vida o muerte para un negocio".

Las organizaciones y los equipos con mayor compromiso de los empleados y menor desinterés activo se desempeñan en niveles más altos. Por ejemplo, las organizaciones que son las mejores en involucrar a sus empleados logran un crecimiento de las ganancias por acción que es más de cuatro veces mayor que el de sus competidores[32].

Efecto del compromiso en los indicadores clave de rendimiento:

▶ **Productividad:** 17% más alta.

▶ **Rentabilidad:** 21% superior.

▶ **Ventas:** 20% más.

▶ **Merma:** 28% menor.

---

[31] Jim Harter. Employee Engagement on the Rise in U.S. Gallup. August, 2018. news.gallup.com/poll/241649employee-engagement-rise.aspx

[32] Ibid.

► **Incidentes de seguridad:** 70% menos.

► **Incidentes de seguridad en pacientes:** 58% menos.

► **Métricas de clientes:** 10% más altas.

► **Defectos:** 40% menos.

► **Rotación de empleados:** 24% - 59% menor.

► **Ausentismo:** 41% menor.

*resultados promedios entre las unidades de trabajo del cuartil superior e inferior.

La encuesta de Gallup está respaldada por la investigación adicional de Deloitte que indica que el 78% de los líderes corporativos dicen que el compromiso de los empleados es una "prioridad urgente e importante". Las empresas quieren una mejora continua y sus empleados pueden ser los principales impulsores.

Compare el pensamiento de hoy con el de los líderes empresariales hace una década más o menos. Muchos líderes luego descartaron la idea de que existen vínculos claros entre el compromiso de los empleados y los KPIs de la organización y el éxito general. Esa sabiduría infundada de antaño, que aún prevalece en muchas organizaciones, continúa ya que estas organizaciones aún enfocan su atención principalmente en el proceso y muy poco en las personas. Y esas organizaciones continúan pagando el precio.

Comprender el Desafío

Entonces, si el compromiso de la fuerza laboral es realmente "urgente e importante" y los líderes empresariales están de acuerdo en que este recurso enorme y valioso se encuentra en gran medida sin explotar, entonces, ¿por qué seguimos descubriendo que, en las últimas décadas, el activo más exclusivo de una empresa, sus empleados, no están comprometidos con su trabajo a una tasa promedio del 70%?[33]

Estudio mundial de Forbes 2017 de Compromiso de los Empleados

Comprometidos: 24%

No Comprometidos: 63%

Activamente Desconectados: 13%

Forbes, 2017 - 5 millones de empleados, más de 1000 empresas

Entonces, ¿Cuál es el Problema?

Creemos que la razón número 1 de la alta tasa de empleados desmotivados está directamente relacionada con *la fórmula de gestión tradicional.* A diferencia de la generación de su padre, cuando los empleados se sentían afortunados de tener un trabajo, esta fuerza laboral actual ya no está satisfecha con su empleo simplemente para satisfacer las necesidades financieras básicas. Los trabajadores de hoy buscan más compromiso, participación, reconocimiento y crecimiento personal. Con base en investigaciones y décadas de experiencia, sostenemos que para las empresas de hoy: *el modelo "tradicional" de liderazgo, tal como se practica generalmente, ya no funciona.*

En este capítulo examinaremos:

▶ Gestión tradicional y el mundo cambiante.

▶ Combinando Sabiduría y Experiencia.

---

[33] Steve Crabtree. *Gallup World.* October, 2013.
https://news.gallup.com/poll/165269/worldwide-employees-engaged-work.aspx

▶ Cambiando el Paradigma de Liderazgo.

▶ Formación y entrenamiento.

▶ Ajustes de sistemas.

▶ Expectativas y Responsabilidad.

Fórmula de Gestión Tradicional

El sistema de gestión tradicional surgió durante la revolución industrial y estuvo fuertemente influenciado por la filosofía de "comando y control" de los militares. Este estilo militar de liderazgo se afianzó aún más gracias al trabajo de teóricos como Fredrick Winslow Taylor. Taylor había estudiado ingeniería mecánica y realizado estudios de tiempo y movimiento en busca de formas de aumentar la productividad. En 1909, Taylor publicó prácticas de gestión que se conocerían como "Los principios de la Administración Científica". Implementado por primera vez en fábricas de Filadelfia, este enfoque de gestión se extendió rápidamente. El más conocido es el despliegue de la gestión científica por parte de Henry Ford en la enorme planta de Ford Rouge en Detroit.

Taylor abogó para que los trabajos se simplificaran y estandarizaran y para que a los trabajadores se asignaran en función de sus capacidades y motivación. Él creía que el dinero era el único motivador y que el trabajo del supervisor era monitorear el desempeño de los trabajadores para garantizar la eficiencia. Taylor también abogó para que los gerentes dedicaran su tiempo a planificar y resolver problemas.

A lo largo de las décadas, otros teóricos contribuyeron a la evolución de lo que hoy conocemos como Prácticas Gerenciales Tradicionales. Y, para bien o para mal, estos indicadores continúan definiendo el rol de la gerencia en la mayoría de las organizaciones.

La siguiente lista identifica algunas de las características distintivas de la filosofía de gestión tradicional que impactan negativamente en el compromiso de los empleados:

► Los cargos de autoridad exigen respeto y cumplimiento.

► Controlar la fuerza laboral: hacer cumplir las reglas.

► La información es limitada y controlada.

► Controlar toda la asignación de recursos.

► Las decisiones se toman de arriba hacia abajo.

► La gerencia resuelve problemas.

► Genera ideas de mejora.

► Determina roles y responsabilidades.

Aunque es probable que estas prácticas no se encuentren en el manual de la empresa, en realidad reflejan adecuadamente los criterios por los cuales se mide el desempeño de muchos gerentes/supervisores. Estas y otras características de la gestión tradicional vinculan a los líderes a la adherencia y su desempeño se juzga en función de qué tan bien llevan a cabo estas funciones. Reconozca también que la mayoría de los líderes de la organización han sido elegidos y promovidos en base a estos criterios.

Cambiando el Mundo

El mundo ha cambiado drásticamente a lo largo de las décadas, mientras que muchas prácticas de gestión en general no lo han hecho. La competencia global, las nuevas tecnologías, los cambios demográficos, las demandas de los clientes, la satisfacción y retención de los empleados, los requisitos legales y ambientales, las normas culturales y sociales, prácticamente todos estos factores, que dan forma a la estrategia comercial actual, han experimentado un cambio significativo. Sin embargo, muchas organizaciones, si no la mayoría, todavía se aferran a esos principios de gestión de una era pasada. Reconozca también que la mayoría de las organizaciones están atrapadas en este ciclo de tradición. La tradición proporciona un nivel de certeza y previsibilidad. ¿Es de extrañar que el establecimiento de un entorno colaborativo, donde se alienta a los empleados en la línea de frente a proporcionar información y ayudar a resolver problemas, luche por ganar tracción?

El Papel Incierto de la Gerencia

Una segunda razón importante de la falta de tracción para los esfuerzos de participación de los empleados en las organizaciones está, como lo ha estado durante décadas, directamente relacionada con la ambigüedad de los nuevos roles y responsabilidades de los líderes de gestión actuales. Si bien el papel cada vez mayor de los miembros de la línea de frente está generalmente bien definido, los roles y responsabilidades que asumiría la gerencia parecen vagos y cada vez menos claros. Hablar de convertirse en un "Coach", "enlace de equipo" y "mentor" crea incertidumbre, ya que pocos saben realmente lo que significan estos términos. Esta falta de claridad contribuye a la resistencia normal al cambio a través de los rangos gerenciales, especialmente la gerencia de la línea de frente con más en juego. Ante una pérdida de identidad, no sorprende que la resistencia pasiva siga dominando el día.

Esta resistencia e incertidumbre son desafortunadas, *ya que el papel y la necesidad de una gestión de la línea de frente competente se ha ampliado con la participación de la base.*

Combinando Sabiduría y Experiencia

Debido a que el compromiso de los empleados refleja un cambio significativo en la cultura, la implementación requiere tiempo, un compromiso serio y líderes fuertes para que sea viable. Este no es un esfuerzo de "conecta" and "reproduce" donde la ruta de implementación es sencilla y predecible. Saber que los requisitos de un buen desempeño gerencial se forjaron durante el siglo pasado ayuda a explicar por qué tantos en las filas gerenciales no pueden creer que los líderes de la organización realmente quieran que compartan sus responsabilidades clave con su personal no gerencial. Durante décadas, se han requerido empleados administrativos muy competentes para liderar la carga, tomar buenas decisiones y mantener a las tropas a raya. Si lo hacían bien, eran recompensados, y si no lo hacían, eran castigados.

Lo que nos une en nudos es que *el compromiso de los empleados no sugiere, de ninguna manera, que los gerentes ya no estén a cargo.* La gerencia sigue siendo responsable de administrar la organización, tomar las decisiones correctas, planificar de manera efectiva, dotar de personal de manera eficiente, resolver problemas, etc. Ningún defensor de la participación de los empleados sugiere que la gerencia deba abandonar estos roles y responsabilidades tradicionales. De hecho, el compromiso de los empleados requiere que los gerentes asuman roles adicionales para apoyar a los de primera línea.

Lo que sí dicen *los defensores es que los colegas de la línea de frente también tienen experiencia, conocimientos y pericia y se les debe permitir y alentar a contribuir.* Es lógico que juntas, combinando la sabiduría y la experiencia de todos los miembros, las organizaciones están mejor capacitadas para enfrentar los importantes desafíos que ahora enfrentan.

La implementación exitosa requiere un cambio fundamental en el pensamiento y el comportamiento de los gerentes, supervisores y los de la línea de frente. Para que este cambio tenga éxito, los empleados de todas las categorías necesitan una comprensión clara de lo que implica su rol futuro y una razón convincente por la cual el cambio es necesario.

VIEJOS HÁBITOS

NUEVOS HÁBITOS

Cambiar el paradigma del compromiso de los empleados requiere un liderazgo fuerte, y los líderes fuertes exigen respuestas. Si el objetivo es pasar de la filosofía de gestión tradicional a una que fomente la participación de los empleados, entonces los gerentes y supervisores ¡deben saber por qué!. Y deben estar a bordo. Si estos líderes no están con usted, se eludirán sus esfuerzos, ya sea consciente o inconscientemente en todo momento.

Proporcionar estadísticas puede ayudar. Compartir el impacto positivo que tiene el compromiso en los indicadores clave de desempeño también ayuda a hacer el caso de estudio. Además, compartir otras medidas, como una mayor retención de empleados, una mayor satisfacción laboral, un menor ausentismo y menos incidentes de seguridad, también demuestra los beneficios a largo plazo tanto para la organización como para sus miembros.

Sin embargo, los gerentes y supervisores experimentados son justificadamente escépticos ante la introducción de una nueva iniciativa; especialmente el cambio que tiene un impacto inmediato en ellos y su futuro. Es probable que su grupo de liderazgo haya visto programas ir y venir, algunos atascados y otros no. Sin embargo, la filosofía de gestión de comando y control se ha mantenido prácticamente intacta, en los buenos y malos tiempos, los gerentes fueron recompensados por hacerlo bien. Desafiar esta mentalidad, reforzada durante generaciones, no es fácil.

Pero hay buenas noticias: los empleados, tanto gerenciales como de la línea de frente, están abiertos a una mayor participación y compromiso. La mayoría de los miembros DESEAN participar en ayudar a su organización a lograr sus objetivos, pero no quieren quedar en ridículo.

Comienza el Cambio de Paradigma con Comunicación

Como todos los esfuerzos de mejora bien construidos, tomarse el tiempo para desarrollar una estrategia de comunicación integral es de suma importancia. Los empleados de toda su organización se verán afectados por este cambio, por lo que necesitan saber qué está sucediendo y cómo pueden apoyar el esfuerzo. Siempre tenga en cuenta que cualquier cambio que desafíe el statu quo probablemente generará un nivel de miedo entre sus colegas. Reconozca también que estos temores son legítimos y desarrolle sus comunicaciones teniendo en cuenta sus preocupaciones. Responda a las preguntas incluso antes de que se las hagan. Hágales saber a los colegas lo que va a suceder, lo que se espera de ellos, cualquier capacitación que se brindará y otros factores que respaldarán el esfuerzo. Utilice formas de comunicación tradicionales y no tradicionales para comunicarse. Cara a cara, las comunicaciones escritas, las reuniones de grupo y los boletines contribuyen a un plan bien elaborado.

Sobre todo, HAZLO SEGURO.

La Paciencia es una Virtud

Al visitar el sitio de un cliente recientemente, tuve la oportunidad de pasar un tiempo a solas en el área de reunión del equipo. En poco tiempo, estaba absorto en los gráficos de gestión visual del equipo. Este equipo de tres años se reunía diariamente para analizar su desempeño del día anterior y abordar cualquier problema importante que les impidiera alcanzar sus objetivos. Totalmente absorto, con la nariz a unas tres pulgadas de las tablas, eventualmente me di cuenta de que Charlie, el líder de Mejora Continua del sitio, estaba parado a mi lado riéndose. Estaba desconcertado y pregunté: "¿Qué es tan gracioso?" Charlie explicó que la semana pasada, vio a Stan, un operador de máquinas de nariz dura, con la misma pose que yo, ¡con su nariz a solo tres pulgadas de los gráficos! Esto me pareció notable, ya que mi recuerdo claro de Stan era el de un excelente operador de máquinas, que no tenía absolutamente ningún interés en participar en los esfuerzos de mejora y que sus compañeros consideraban "el líder de la resistencia". Charlie contó que durante el primer año de los esfuerzos de mejora continua, todo el equipo se resistía a participar en las reuniones diarias, miraba los gráficos sin comprender y escuchaba poco lo que el líder del equipo tenía que decir. Dirigido por Stan, este grupo se parecía más a una pandilla de motociclistas que a un grupo comprometido de operadores de máquinas.

Ahora, dos años después, Stan, el "líder de la resistencia", había abordado un problema de maquinado frecuente. Él, junto con otros miembros de su equipo, resolvieron algunos problemas y crearon una herramienta de prueba de errores de bajo costo para reducir los desechos, minimizar el tiempo de inactividad y facilitar el trabajo del operador. En el tablero de gestión visual del equipo, había una lista de acciones y plazos. La lista de acciones indicaba que la herramienta se construiría y estaría disponible para este día específico; no fue así y Stan estaba enojado.

Charlie, luciendo una gran sonrisa, continuó explicando que la reunión del equipo había terminado 10 minutos antes y Stan insistió en que no comenzaría a trabajar hasta que se actualizara el tablero de acción con el estado real de la herramienta de mejora. Stan quería confirmación de que Mantenimiento al menos avanzaba con el prototipo. En cuestión de minutos, el tablero se actualizó, la herramienta estaba casi terminada y estaría disponible en 24 horas: Stan volvió a trabajar. Al día siguiente, Stan y su equipo tenían la herramienta y resultó ser una mejora significativa en toda la operación de maquinado.

A los tres años del proceso, el Supervisor ya no facilita la reunión del equipo. Los operadores de máquinas rotan mensualmente en esa función. ¡Los tableros de equipo están actualizados, el compromiso es obvio y poderoso!

Durante mi visita a este sitio, se me recordó nuevamente que involucrar a los empleados en los esfuerzos de mejora no es un camino directo. Cada iniciativa es única, las personas y las culturas organizacionales difieren. Muchos podrían haber tirado la toalla con este equipo de la línea de frente, citando la resistencia de Stan y sus compañeros de trabajo. Pero Charlie nunca se dio por vencido. ¡Estaba comprometido, fue paciente y eventualmente valió la pena!

Cambiar Paradigmas Lleva Tiempo

No puede esperar que un supervisor, que ha sido recompensado y ascendido por su capacidad para patear traseros y aceptar nombres, adopte fácilmente un nuevo enfoque de liderazgo. Necesitan comprender que este esfuerzo es importante y un aspecto clave de la estrategia de su organización. También debe quedar claro que se necesita y requiere su participación y apoyo.

Su grupo de gestión actual, ya sea contratado para esos puestos o promovido desde adentro, todos poseen ciertas habilidades y habilidades técnicas y/o gerenciales. Sin embargo, es muy poco probable que alguno haya sido contratado específicamente por su capacidad para involucrar a sus colegas. Este nuevo desafío de dar la bienvenida a la participación y buscar activamente aportes e ideas frescas de sus colegas de primera línea puede ir en contra de sus experiencias pasadas y cómo se ven a sí mismos y sus deberes laborales. Hacer cumplir las reglas y tomar decisiones es para lo que se les ha pagado. Ahora necesitan claridad sobre cuáles son exactamente las nuevas expectativas y cuáles son sus responsabilidades laborales.

Los gerentes y supervisores siempre están en la primera línea de los esfuerzos de cambio. Sus puestos suelen ser los más desafiantes y, a menudo, los menos recompensados en una organización. Este grupo necesita apoyo y merece capacitación. Si su organización es como muchas con las que trabajamos, la capacitación y el entrenamiento de gerentes y supervisores no ha sido una alta prioridad. Y, sin embargo, es probable que este grupo tenga el mayor impacto en los resultados operativos. ¿Imagínese?

"Los supervisores, si se seleccionan cuidadosamente, están bien capacitados, altamente motivados y se les otorga el estatus y el pago apropiados para ser los 'profesionales en la gestión de los procesos y las personas' pueden marcar una mayor diferencia en el éxito a largo plazo de la organización que cualquier otro grupo que no sea alta gerencia. E incluso aquí es el supervisor quien aplica las políticas de la alta dirección en el lugar de trabajo"[34].

—Peter Wickens

---

[34] Peter Wickens. *The Ascendant Organization*. (London: Palgrave MacMillian 1995.)

Si su equipo de liderazgo no puede ser convencido de la necesidad de hacer este cambio, ¡no sucederá! Tu grupo de gestión debe estar claro sobre si sus deberes cambiarán y cómo cambiarán y qué comportamientos se espera de ellos. Brindar capacitación y asesoramiento también puede ayudar en la transición.

Capacitación Gerencial Básica

Proporcionar a su equipo de gestión una formación básica también ayudará a reducir la resistencia, al mismo tiempo que inculcará un nivel de confianza en aquellos que ahora están encargados de la participación significativa de los demás. Las habilidades y la capacitación que los gerentes y supervisores suelen encontrar útiles incluyen:

▶ La seguridad ante todo.

▶ Liderar el cambio.

▶ Comunicación (escuchar, dar y recibir retroalimentación).

▶ Liderazgo colaborativo, delegación y rendición de cuentas.

▶ Dinámica de equipo y empoderamiento.

▶ Resolución de problemas.

▶ Toma de decisiones.

▶ Manejar las diferencias.

▶ Interacción efectiva y diversidad.

Oportunidad para una Anécdota

Un CFO le pregunta al CEO: "¿Qué sucede si invertimos en el desarrollo de nuestra gente y luego nos dejan?"

El CEO responde: "¿Qué pasa si no lo hacemos y ellos se quedan?"

Capacitación de Miembros de Equipo en la Línea de Frente

La capacitación correspondiente para los trabajadores en la línea de frente también es un paso integral en la creación del entorno en el que los empleados pueden contribuir. La capacitación puede incluir:

▶ La seguridad ante todo.

▶ Funciones y responsabilidades del equipo.

▶ Métricas del equipo.

▶ Resolución de problemas.

▶ Generación e implementación de mejoras.

Liderar con el Ejemplo

Los líderes de toda la organización, desde el nivel ejecutivo hasta la línea de frente, deben "hacer lo que predican", alentando y facilitando el compromiso siempre que sea posible. Todo el personal gerencial debe comprender que involucrar a los empleados no es una opción, sino un componente clave de la estrategia comercial de su organización.

Figura 3: El líder del área y los miembros del equipo discuten las opciones.

Desarrollar una cultura que valore y escuche a sus empleados requiere tiempo, paciencia y compromiso. Todos los ojos estarán puestos en los líderes de la organización, ya que la línea de frente y el grupo gerencial buscan determinar si este "compromiso de los empleados" es real o solo la última moda.

Los empleados en la línea de frente reconocerán rápidamente si su supervisor es sincero o simplemente sigue los movimientos. Si sus esfuerzos son reales, la mayoría de los líderes apreciarán una mayor inclusión, confianza y participación en el negocio.

Sistemas de Apoyo

Las organizaciones se embarcan fácilmente en esfuerzos para aumentar el involucramiento y participación de los empleados, a menudo olvidando que los sistemas de la organización deberán modificarse para respaldar este cambio. Independientemente de cuán efectivo haya sido transmitir la importancia y el impacto positivo de involucrar a los empleados, si los sistemas no se adaptan para acomodar y respaldar este esfuerzo, la sostenibilidad puede seguir siendo difícil de alcanzar.

Por ejemplo: la información compartida es el alma de la mayoría de las organizaciones y, sin embargo, una de las más difíciles de hacer bien. La importancia de comunicarse en un entorno de compromiso de los empleados se vuelve aún más crítica. La información vital debe compartirse para permitir que el personal no gerencial se convierta en parte de algo más amplio que simplemente cumplir con los requisitos diarios[35].

Si la comunicación es deficiente, las personas se sienten "fuera del circuito" y ven esto como una confirmación de que no se les confía realmente y que esto del compromiso es solo un escaparate. El sistema de comunicación es solo un elemento que puede apoyar y anclar sus iniciativas de compromiso.

Piense en integrar otros departamentos, como Seguridad, Calidad, Operaciones, Mantenimiento, Ventas, Servicios al Cliente, etc., para compartir información y buscar aportes de la línea de frente, demostrando aún más el valor y la oportunidad que brinda el compromiso.

Su departamento de recursos humanos puede agregar más peso a la legitimidad y el compromiso a largo plazo mediante la realineación de sus sistemas actuales de promociones, compensación, evaluaciones de empleados y contratación para reflejar los nuevos comportamientos que se consideren importantes.

---

[35] William Neher. *Organizational Communications: Challenges of Change, Diversity and Continuity.* (Boston: Allyn & Bacon 1997).

Figura 4: Colegas en formación.

Establecer un Comité Directivo

Una forma eficaz de aumentar la participación, generar impulso y ayudar a salvar el abismo de la comunicación es mediante la formación de un comité directivo. Un comité directivo generalmente brinda dirección y orientación estratégicas que respaldan los objetivos del programa y los líderes del proyecto. Al incluir miembros clave de su organización en el comité directivo, amplía el compromiso y la propiedad de la iniciativa, amplía la responsabilidad por el éxito, establece una red de comunicación, aumenta la responsabilidad y, por lo tanto, amplía la participación de los empleados.

Si bien cada comité directivo puede diferir un poco, el rol a menudo incluye:

► Liderar y guiar el esfuerzo de cambio.

► Comunicar continuamente.

► Supervisar, monitorear y orientar la participación de los empleados en el esfuerzo.

► Identificar y atacar los problemas organizativos subyacentes que impiden un mayor rendimiento y participación.

► Educarse a sí mismos ya los demás en el proceso.

► Aprobar y permitir la implementación de recomendaciones y políticas.

► Definir y comunicar los argumentos a favor del cambio: EL POR QUÉ.

► Definición de resultados, límites, medidas y plazos para la iniciativa de cambio.

► Revisar el progreso hacia los resultados.

► Modelar los nuevos comportamientos que reflejan los cambios: "practicar lo que se predica".

► Fijación de los valores y conductas de acompañamiento que configuran la cultura.

► Aprobar y supervisar el plan del proyecto para el proceso de cambio.

► Coordinar todas las actividades principales relacionadas con el esfuerzo de mejora.

► Garantizar que todos los esfuerzos de mejora continua respalden la estrategia general de la organización.

Identificación de Miembros Clave de un Comité directivo de Mejora Continua.

► Busque a aquellos que hayan tenido experiencia con esfuerzos de mejora en sus carreras.

► Identifique líderes clave (sin importar su título) que puedan influir en el compromiso y brindar inspiración.

▶ Aproveche las fortalezas de otros que pueden llevar la antorcha de una nueva iniciativa.

▶ Busque representantes de todos los aspectos del negocio.

Los Líderes de Mejora Continua corren el riesgo de que sus esfuerzos se perciban como "su programa". Dependiendo de la cultura existente; las acciones, las auditorías y el progreso pueden percibirse como responsabilidad exclusiva de este representante o del departamento de mejora continua. Los comités de dirección ayudan a cambiar esta perspectiva, crean una cultura de "nosotros" y distribuyen las acciones y responsabilidades necesarias en toda la organización.

Otros beneficios de un comité directivo pueden ser:

▶ Se comparte la información de cada departamento: los diferentes niveles de la organización informan los próximos pasos.

▶ Se crea un canal informal de retroalimentación sobre la iniciativa.

▶ Se evitan trampas.

▶ Se establece una oportunidad para comunicarse continuamente.

Comience con una Pacto o Estatuto

La creación de un estatuto para y con el grupo directivo es un paso importante para garantizar que cada miembro comprenda su función y responsabilidades y esté dispuesto a brindar tiempo y apoyo al esfuerzo.

El propósito de un pacto es aclarar el propósito del grupo, los miembros, los límites, las funciones y responsabilidades, los recursos y la duración. Recomendamos que el estatuto se desarrolle en conjunto con sus miembros en una sesión de grupo.

Al hacerlo, se crea comprensión y compromiso y los individuos toman conciencia de las expectativas. Al pasar tiempo en su inicio, los miembros del equipo desarrollan la propiedad, evitan la confusión y pueden organizarse de manera eficiente.

Elementos que puede incluir en el Pacto:

Propósito del Comité Directivo:

_____

_____

Justificación (por qué este esfuerzo es importante):

_____

_____

Metas/Objetivos/Medidas de Éxito:

_____

_____

Miembros del equipo:

_____

_____

Cuestiones clave que deben abordarse:

_____

_____

Límites y restricciones:

_____

_____

Responsabilidad de informar:

_____

_____

Recursos disponibles:

_____

_____

Roles necesarios (¿Quiénes?):

_____

_____

Subgrupos requeridos:

_____

_____

Duración (Tiempo de servicio requerido) (¿Se disolverá para?):

_____

_____

Otro:

_____

_____

Responsabilidades Compartidas a través del Comité Directivo

Uno de nuestros clientes en particular era una pequeña planta de fabricación. El representante de Mejora Continua fue elegido por su rol en el Departamento de Calidad. Su comportamiento agradable y su comprensión de las métricas y el análisis de causa raíz lo convirtió en la opción obvia para la iniciativa. Tener un departamento o individuo de Mejora Continua separado no tenía sentido para este sitio en particular.

Como consultores, brindamos capacitación y el lanzamiento del programa de mejora continua y los beneficios iniciales fueron observados por todos. Se hizo evidente después de seis meses que se había recogido la fruta madura y que había llegado a una meseta obvia para el programa. Gran parte de la inercia inicial estaba disminuyendo y las acciones y recomendaciones se prolongaron durante meses.

Una conversación con el representante de Calidad/Mejora Continua (MC) pintó un cuadro sombrío. Cuando se le preguntó por qué las acciones de MC permanecieron durante meses sin progreso, comentó: "Permítanme ser franco. Primero soy un representante de Calidad. Por eso me contrataron. Si pierdo un defecto o apruebo una responsabilidad, en nuestra industria, seré despedido. Entiendo la importancia de la Mejora Continua y sé que me ayudará con mi papel en Calidad, pero los problemas de calidad están aquí hoy. No me despiden por adelantar los plazos de Mejora Continua. Solo soy una persona.

Decidimos crear un comité directivo para apoyar sus esfuerzos. Se eligieron representantes clave de cada departamento. Se compartieron responsabilidades y acciones. El programa ya no se percibía como "su proyecto". El impulso se recuperó y los resultados continuaron mejorando.

Expectativas Claras y Responsabilidad por los Resultados

Al igual que con otros aspectos de la mejora continua, las expectativas para la gerencia y el personal deben comunicarse y comprenderse bien. De ello se deduce que, una vez que se establecen estas expectativas de comportamiento, la responsabilidad compartida ante estas nuevas normas no es opcional sino obligatoria.

Es probable que se encuentre resistencia. Sin embargo, una vez que se adopta y se explica adecuadamente una estrategia trazada por los encargados de dirigir una organización, es hora de seguir adelante.

El camino hacia la montaña nunca es recto, pero todos los miembros de la organización, sí, incluso los escépticos, deben comprender los comportamientos que se esperan de ellos y cómo se medirá el progreso. Los empleados desean retroalimentación. Desean saber qué tan bien lo están haciendo y cómo su trabajo impacta los resultados generales de la organización. Los empleados quieren y necesitan objetivos y medidas y el apoyo necesario para alcanzarlos. *(*Referencia: Recompensa/Reconocimiento en el Capítulo de Responsabilidad)*

Aquellos que simplemente no pueden o no quieren adaptarse al camino elegido, después de la capacitación, el entrenamiento y un tiempo razonable, deben trasladarse a otra área de la organización o salir de la misma.

Última Palabra

Pocos de nosotros, elegidos para liderar los esfuerzos de mejora continua, no vemos el valor de conseguir la participación de otros; de hecho, sabemos que para tener éxito debemos hacerlo. A pesar de los altibajos que experimentan muchas organizaciones, la investigación confirma y ya sabemos que los empleados anhelan la oportunidad de contribuir al éxito de su organización. Hemos descubierto que *las personas quieren trabajar en una organización donde sean respetadas, valoradas y comprometidas. Cree esa cultura y aprovechará el potencial ilimitado que ofrece el compromiso de los empleados.*

COMPROMISO
APRENDIZAJES

▶ Involucrar a los empleados es el único recurso con el que cuentan todas las organizaciones que podría marcar una gran diferencia en el desempeño, la rentabilidad y la satisfacción de los empleados.

▶ Solo el 30% de todos los trabajadores están activamente comprometidos en el trabajo.

▶ El legado de la "Administración Tradicional" sigue siendo la mayor barrera para el Compromiso de los Empleados.

La plantilla del Estatuto del Comité Directivo está disponible para descargar en www.thefivekeys.org

CASO DE ESTUDIO: LAS DOS SITIOS HERMANOS RESOLVIENDO EL ROMPECABEZAS

Compromiso: el compromiso y la participación que tiene un empleado con su organización y sus objetivos.

El desempeño del Sitio 1 no fueron excelentes durante los primeros años. El compromiso de los empleados también tardó en ganar impulso. No quiere decir que tuvieran un bajo desempeño, pero como la mayoría de los otros sitios en esta organización, el compromiso de los empleados era otra colina que escalar. A medida que el programa maduró y el equipo de liderazgo dio el ejemplo, hubo un crecimiento constante en la participación de los colegas en las actividades de mejora continua. El Sitio 1 no presionó para obtener resultados ni intentó hacer crecer el programa rápidamente: fueron pacientes y priorizaron centrarse en la coherencia y los sistemas confiables para respaldar el compromiso.

Sistemas como un proceso para capturar e implementar las ideas de los miembros del equipo y un sólido programa de reconocimiento y premios alentaron a los empleados a sumergirse en el agua de una cultura de Mejora Continua en crecimiento. Los empleados se dieron cuenta de que este era un entorno seguro en el que resolver problemas, ofrecer sugerencias y probar cosas nuevas. ¡Y fueron reconocidos por ello!

Figura 5: ¡El poder del compromiso!

A medida que el programa maduró y creció la comprensión de mejora continua, empleados de toda la organización fueron identificados e invitados a unirse a un comité directivo. Los empleados fueron elegidos no por su posición o rango, sino por su fuerte liderazgo y compromiso con los equipos que representaban. Este ya no era un "programa de mejora continua", era la forma en que hacían negocios.

Se hizo evidente que había una transformación en marcha aquí. Si bien varios otros sitios habían comenzado con fuerza, el Sitio 1 finalmente superó el rendimiento de otros en todo el mundo. Diez años después, el Sitio 1 continúa manteniendo altos niveles de compromiso de los empleados en la búsqueda de una mejora continua. Varios otros sitios que comenzaron con fuerza ya no tienen un programa de Mejora Continua viable o han perdido impulso en la búsqueda de oportunidades de mejora diaria.

Centrarse en lograr resultados inmediatos en lugar de establecer una cultura de mejora continua a largo plazo fue su perdición.

Dado que el Sitio 2 adoptó un enfoque de no intervención en la iniciativa de mejora continua, algunos equipos todavía estaban dispuestos a probar las aguas, y lo hicieron. Los empleados utilizaron las herramientas que habían aprendido y resolvieron problemas, a menudo presentando soluciones novedosas para abordar sus problemas. Pero finalmente, el entusiasmo disminuyó debido a que un proceso de gestión que se necesitaba desesperadamente para escalar la toma de decisiones e implementar sugerencias de mejora quedó sin respuesta. Las sugerencias de mejora se estancaron y faltaba apoyo para la implementación. Los empleados en la línea de frente se frustraron y no tenían claro cómo cumplir con las expectativas y se retiraron lentamente.

Hubo un segundo factor que contribuyó a la baja participación de los colegas que también surgió. La cultura "centrada en los resultados" continuó impidiendo el proceso de mejora continua. Los empleados se mostraban reacios a ofrecerse como voluntarios para actividades que posiblemente podrían fallar o no lograr los resultados esperados. Fue arriesgado. Por ejemplo, se percibía un riesgo asociado con ser el portador de malas noticias o intentar resolver un problema y fallar. Había miedo de sacar el cuello. Las reprimendas y la percepción de una posible disciplina flotaban pesadamente en el aire. Las altas tasas de rotación de empleados apuntaban a la baja moral en el sitio.

Finalmente, la coherencia en los mensajes también contribuyó al desafío de generar compromiso en el Sitio 2. Después de que se formó el Comité Directivo de la línea de frente, había esperanza de que esta acción estimulara el compromiso y empoderara a los empleados. De hecho, este mensaje incluso fue comunicado por la Dirección. Sin embargo, cuando surgieron problemas, la gerencia rápidamente tomó el control de la situación. A los empleados se les dijo cómo responder y la gerencia estaba allí para verificar su dirección. Aunque a estos empleados se les dijo repetidamente que conocían su rol mejor que nadie y que sus ideas para mejorar eran importantes para el proceso, reconocieron que esto no era lo que experimentaban en el trabajo. Los empleados aprendieron rápidamente cómo caminar por la delgada línea entre los mensajes y las acciones. El compromiso de los empleados siguió sufriendo.

La diferencia en el compromiso de los empleados entre el Sitio 1 y el Sitio 2 se ilustra en esta breve historia. El sitio 2 estaba experimentando algunos problemas importantes de puesta en marcha después de un cierre anual de la planta de una semana. La parada había sido programada para realizar mantenimiento y modificaciones de mejora en el proceso de fabricación. Sin embargo, este año en particular, el Sitio 2 luchó para que el equipo volviera a estar en línea y cumplir con los requisitos específicos del producto. Después de tres largos días de seguir luchando con la puesta en marcha, se trajeron algunos empleados del Sitio 1 para apoyar el esfuerzo y ayudar a hacer las correcciones. Los gerentes, operadores y empleados de mantenimiento del Sitio 1 resolvieron rápidamente los problemas, diseñaron experimentos e identificaron soluciones. Sin embargo, sus esfuerzos fueron cuestionados en todo momento. El miedo al fracaso era aceptable y se descartaban las soluciones. Después de un día de trabajo de 16 horas en un entorno algo hostil, desconocido y sin poder; la moral entre el equipo del Sitio 1 se había evaporado y fueron derrotados. El objetivo de solucionar el problema se vio ensombrecido por la falta de ayuda que podían brindar en este entorno. Empacaron a la 1:00 a.m. e hicieron el largo viaje a casa. El Sitio 2 tardó tres días más en volver a estar en línea, y finalmente utilizó las pautas establecidas durante ese miserable día de 16 horas.

ALINEAMIENTO DE METAS

Alineación de Metas: el proceso de alinear los objetivos individuales de los empleados con los objetivos estratégicos de la organización, creando una línea de visión directa que conecta a todos los miembros con un propósito y plan común.

"Si no sabes a dónde vas, cualquier camino te llevará allí."

**- Lewis Carroll,
Escritor inglés, autor de Alicia en el país de las maravillas.**

En el competitivo entorno empresarial actual, las organizaciones de todo tipo requieren la sabiduría, la experiencia y la participación de todos sus empleados. Y la mayoría de los empleados realmente desean contribuir al éxito de sus organizaciones, ser parte de algo más grande y marcar la diferencia. Pero para contribuir de esta manera, los empleados deben saber y comprender hacia dónde se dirige su organización y cuáles son las expectativas para ellos. *La necesidad de vincular la visión y los objetivos estratégicos de la organización con el desempeño diario de los empleados de primera línea es vital.*

Convertir y alinear una estrategia comercial compleja de varios años con las prácticas y medidas de trabajo diarias de los empleados de primera línea es el desafío final. Múltiples estudios muestran que proporcionar objetivos significativos que los empleados puedan respaldar, impactar directamente y sentirse involucrados mejora la calidad y cantidad del trabajo de esos empleados. Además, es un motivador principal para el compromiso de los empleados.

El Problema

"Solo el 14% de los empleados entiende la estrategia de su empresa"[36].

—William Schiemann

Cuando nos encontramos con el resultado del estudio citado anteriormente, estábamos más que un poco escépticos. ¿Cómo podría ser que la gran mayoría de los empleados de las organizaciones en toda América del Norte no supieran realmente la estrategia y los objetivos de su empresa? ¿Cómo podría ser posible, en un mundo de competitividad global y comunicaciones instantáneas, que las personas que hacen el trabajo no entiendan algo tan central para administrar una empresa exitosa?

Siendo escépticos responsables, investigamos un poco más y encontramos un artículo igualmente inquietante en Harvard

---

[36] James W. Smither and Manuel London. *Performance Management: Putting Research Into Action.* (San Francisco: Josey-Bass, 2009).

Business Review de John Kotter[37]. Kotter nos informa que, incluso en empresas de alto desempeño con "estrategias públicas claramente articuladas", ¡solo el 29% de los empleados reconocen e identifican correctamente la estrategia de su empresa *cuando se les dan seis opciones*!

Incluso utilizando el análisis más generoso de la investigación existente, solo el 30% de los empleados conocen y entienden la estrategia de su organización. Pero supongamos que estas estadísticas están realmente fuera de lugar. En lugar de 3 de 10, dupliquemos ese número y demos crédito a 6 de 10 empleados por conocer la estrategia de su empresa, ¿es justo? Eso deja 4 de 10, o el 40% completo, de la fuerza laboral norteamericana que no lo hace. Considere el impacto negativo y la desalineación para lograr los objetivos de su organización. ¿Cómo pueden esperar los líderes lograr su visión, estrategia y objetivos cuando casi la mitad de la organización ni siquiera sabe cuáles son? Respuesta: ¡No pueden!

¿Le sorprenden as respuestas?

Para aquellos de ustedes que dudan de estos estudios, pruébenlo ustedes mismos.

Pida a sus colegas que describan la estrategia de su organización.

¿Pueden ellos? ¿Puede usted?

El Guante

El desafío crítico para cada organización es vincular la estrategia de la organización con las acciones diarias de cada miembro, y esto puede ser el eje más poderoso y motivador de su estrategia

[37] John Kotter. "When CEOs Talk Strategy, Is Anyone Listening?" *Harvard Business Review. 2013.*

empresarial. La identificación de objetivos y métricas diarias proporciona a los colegas una comprensión de lo que necesita su organización y cómo pueden contribuir desde sus puestos de trabajo. Además, las metas y medidas apropiadas enfocarán a los miembros en comportamientos específicos que cambien la cultura a una que genere resultados específicos.

En este capítulo, nos enfocamos en cinco aspectos de la alineación de objetivos para enfrentar los desafíos de alineación en su organización:

► El poder de la visión.

► Desarrollo e implementación de estrategias utilizando el modelo OMEM (el término usado en inglés es OGSM).

► Comunicar el plan: "El discurso del ascensor". (Este término es un anglicismo. Es la presentación de la idea central de un proyecto o emprendimiento a partes interesadas, en una forma muy breve y concreta.)

► Alineación de objetivos mediante una red de KPIs.

► Gestión Visual de Metas y Medidas.

El enunciado de la visión actúa como una "Estrella Polar" y es el catalizador a partir del cual se identifican los objetivos, las estrategias y las métricas. A diferencia de las metas, estrategias y medidas, _una visión permanece constante y no cambia_.

Una declaración de visión describe un estado futuro que una organización busca lograr. A menudo, una declaración de visión se aplica a la organización completa, pero también puede aplicarse a una sola actividad o a un solo departamento. Independientemente de su alcance, una visión describe una imagen de dónde desea estar en el futuro.

El Poder de la Visión

Desde nuestro punto de vista, una declaración de visión efectiva sustenta tres aspectos críticos de una iniciativa de mejora continua.

▶ **La visión compromete al equipo de liderazgo en un camino para el cambio.** Al crear una "visión", la alta dirección está admitiendo y comprometiéndose con sus empleados a que el statu quo no es sostenible y que se debe trazar un curso diferente.

▶ **El compromiso de los líderes genera apoyo adicional.** Una vez que se adopta y comunica la "visión", comienza a producirse la alineación en apoyo de la visión. Los líderes, en los niveles medios, en toda la empresa, ahora saben que esta iniciativa, sea lo que sea, debe ser apoyada. El apoyo puede venir de muchas formas, pero en toda la organización, los miembros ahora son conscientes de que se espera que apoyen y avancen en este impulso de cambio.

▶ **Una visión proporciona la base para la "alineación de objetivos" a través del desarrollo de estrategias y medidas.** Si no se establecen metas, estrategias y medidas específicas, es poco probable que se produzca un progreso real. Una visión proporciona una imagen vívida de un estado final, lo que nos esforzamos por lograr.

Crear una Declaración de Visión Significativa

Una declaración de visión efectiva debe dirigirse tanto a los colegas como a los clientes y las partes interesadas. Debe ser: *informativa, inspiradora y simple.*

Por ejemplo, el enfoque de la empresa ficticia Able Products Company (actualmente calificada como la número 4 en calidad) era convertirse en la número 1 en calidad entre sus competidores comerciales. El equipo de liderazgo trabajó en conjunto para redactar esta declaración de visión: **Able Products Company es conocida como: La número 1 en soluciones de calidad.**

Desarrollo de la Estrategia – Crear una Mapa – Incluir a otros

Ahora que Able Products ha articulado una visión clara y convincente, ahora necesitan una estrategia y una hoja de ruta para llegar allí. A menudo, buscamos a los líderes ejecutivos para que proporcionen este plan, pero es posible que usted, como líder de mejora continua, sea parte de su desarrollo.

La experiencia nos ha enseñado que incluir líderes de las diversas funciones y departamentos en ese desarrollo generará apoyo para el proyecto y para usted, al tiempo que evitará errores y reinicios innecesarios.

Sobre la base de la declaración de visión, el equipo de liderazgo de Able acordó la siguiente estrategia: **Dentro de los próximos 18 meses, establecer una cultura de resolución de problemas, enseñando a los colegas a identificar y resolver problemas de calidad e implementar soluciones.**

Creación del Mapa

El siguiente paso es desarrollar un plan integral que los colegas entiendan, aprecien y apoyen. En este ejemplo, utilizamos el conocido modelo de planificación OMEM: Objetivos, Metas, Estrategias, Medidas.

Modelo de Planificación OMEM

El modelo integral de planificación OMEM tiene cuatro aspectos principales:

1. **Objetivos:** Impulsos amplios en los que la organización debe realizar mejoras significativas en los próximos 3 a 5 años.

2. **Metas:** Resultados alcanzables y medibles en los próximos 1-2 años.

3. **Estrategias / Acciones:**

   - ¿Qué haremos?

   - ¿Quién lo hará?

   - ¿Cómo se debe hacer?

4. **Medidas:**

   - Plazos e hitos específicos

   - Recursos necesarios

   - Gráficos visuales de KPIs del área.

Visión: Able Products Company es conocida como: El número 1 soluciones de calidad.

Estrategia: Dentro de los próximos 18 meses, establecer una cultura de resolución de problemas, enseñando a los colegas a identificar y resolver problemas de calidad e implementar soluciones.

OGSM Model for Strategy Deployment Able Products Company			
OBJETIVOS Impulsos Amplios 3 a 5 años	**METAS** Resultados Alcanzables 1 a 2 años	**ESTRATEGIAS** La forma en la que lograremos nuestros objetivos. Procesos, Programas, Iniciativas, Sistemas	**MEDIDAS** Cómo sabremos que somos exitosos, que lo estamos logrando.
"Calidad es el foco 1" Eliminar las quejas de los clientes.	Entrenar a todos los empleados en técnicas de resolución de problemas básico para Diciembre 20XY.	Comenzar a todas las partes interesadas nuestra visión	Cartas a las partes interesadas Reuniones participativas Letreros, Promos, Folletos
Ser conocidos como "El líder en soluciones de calidad" ser los líderes en calidad de la industria.	Mejorar la tasa de defectos en 2% al mes.	Entrenar y comprometer a todos los empleados en Resolución de Problemas Básico	Colegas entrenados Problemas abordados Soluciones implementadas
	Reducir las quejas de los clientes en 50% dentro de 12 meses.	Lanzar: El ciclo de aprendizaje Tiempo-para-Detectar, Tiempo-para-Corregir Sistema de calidad	Tasas de defectos por hora, diaria, semanal y mensual
		Convertirnos en la organización más receptiva a los reclamos de clientes	Horas entre una queja del cliente y la solución.

Una estrategia integral traduce una visión abstracta en un plan de acción concreto y tangible. Un plan que se puede comunicar, comprender y medir.

Comunicar el Plan

La investigación demuestra que las iniciativas de cambio exitosas están respaldadas por un plan de comunicación efectivo. Idealmente, todos los miembros de su organización conocen y entienden la visión, las metas y las estrategias necesarias para hacer realidad la visión y, lo que es más importante, su papel para ayudar a lograr estas metas.

Al comunicar el mapa, no abrume a sus colegas: (1) Hágalo lucir seguro para los involucrados, para que ellos no teman al proyecto o a su capacidad de contribuir y (2) Manténgalo simple y enfocado. Más información sobre comunicación se encuentra en el capítulo Liderazgo.

OBJETIVOS

TABLERO DE CONTROL

ÉXITO

EVALUACIÓN

INDICADORES CLAVE DE DESEMPEÑO

DESEMPEÑO

ESTRATEGIA

OPTIMIZACIÓN

MÉTRICAS

Indicadores Clave de Desempeño: Alineación de Objetivos en Toda la Organización

Los indicadores clave de Desempeño (KPI) son métricas que demuestran la eficacia con la que se está desempeñando una empresa o departamento. Las organizaciones utilizan los KPIs para evaluar su éxito en la consecución de sus objetivos.

A medida que se lanza el mapa de mejora continua, identificar y comunicar los KPIs correspondientes en cada área/departamento se convierte en el siguiente paso del proceso. Para ser efectivo, un KPI debe:

▶ Alinear y contribuir con la estrategia, metas y requerimientos del cliente.

▶ Cuantificable y simple.

▶ Bien comunicado y comprendido.

▶ Medidas en las que los miembros pueden influir.

Hay miles de KPIs posibles según el tipo de negocio o proceso que esté evaluando una organización. Para el ejemplo de productos Able, cuatro categorías comunes de KPIs demuestran cómo esto podría funcionar para usted: calidad, rendimiento, rentabilidad y personas.

Creación de una Red de KPIs

Manteniendo esto en lo básico, supongamos que en Able Products Company hay un nivel de gestión y solo cuatro departamentos: producción, calidad, envíos y mantenimiento.

En este escenario, las mismas cuatro categorías de KPIs (Calidad, Entrega, Rentabilidad y Seguridad/Gente) tendrán diferentes medidas para cada departamento; sin embargo, cada medida se alinea con la visión, los objetivos y la estrategia.

En la cuadrícula a continuación, puede ver cómo estas medidas difieren y, sin embargo, están alineadas en toda la organización.

La visión de Able: Ser conocido como "El líder en calidad basado en soluciones".

Estrategia de Able: Dentro de los próximos 18 meses, establecer una cultura de resolución de problemas, enseñando a los colegas a identificar y resolver problemas de calidad e implementar soluciones.

Al alinear estas cuatro categorías de KPIs en cada departamento, ahora se pueden desarrollar objetivos y medidas estableciendo un sistema integral de alineación de objetivos.

Estableciendo Metas

▶ Al establecer metas, asegúrese de que las metas estén alineadas con la visión, la estrategia y los requisitos del cliente.

▶ Los objetivos deben ser alcanzables

▶ Las metas y objetivos deben apoyar los comportamientos deseados.

Por ejemplo:

EQUIPOS	EQUIPO DIRECTIVO	EQUIPO DE OPERACIONES	EQUIPO DE ENVÍOS	EQUIPO DE CALIDAD	EQUIPO DE MANTENI-MIENTO
¿Cuándo / Dónde? Hora de reunión	Diario 9:30 - 10:00 Sala de reuniones	Diario 10 minutos Reuniéndose en cada turno 8:00 / 16:00 / 00:00	Diario 10 minutos Reuniéndose en cada turno 8:00 / 16::00 Sala D	Diario 10 minutos Reuniéndose en cada turno 8:00 Laboratorio	Semanal Viernes de 7:30 - 8:00 por determinarse
¿Quiénes? / Participantes de la reunión	Todos los gerentes y líderes segundo turno	Supervisor y miembros de equipo	Supervisor (líder de equipo) y miembros de equipo	Supervisor (líder de equipo) y miembros de equipo	Todos los miembros de mantenimiento / Supervisores

EQUIPOS	EQUIPO DIRECTIVO	EQUIPO DE OPERACIONES	EQUIPO DE ENVÍOS	EQUIPO DE CALIDAD	EQUIPO DE MANTENI-MIENTO
Calidad	**Medida** Quejas de los clientes Objetivo: Reducir las quejas de los clientes en un 50 % en 12 meses	**Medida** Fuera de especificación por máquina por turno Objetivo: aumentar las piezas "según las especificaciones" del 94 % al 98 % en 12 meses	**Medida** Problemas de pegamento por códigos de caja Meta: Reducir los problemas de pegamento en un 10 % en 12 meses: tomar medidas en cada caso	**Medida** Quejas internas y externas Meta: Aumentar del 90 al 100 % la precisión de las auto-auditorías diarias (segundo punto de inspección)	**Medida** Fallas de equipos Meta: 80% preventivo / 20% correctivo Mejora del 68% al 80% en 12 meses
Rapidez Entrega	**Medida:** Aumentar volumen Meta: Mejorar la eficiencia en un 15% en 12 meses	**Medida:** Cumplimiento del plan de producción Meta: Reducir las desviaciones del plan en un 50 % en 12 meses	**Medida:** Cajas / hora Meta: cumplimiento del 100 % del cronograma de envío	**Medida:** Cumplimiento del programa de inspección Meta: 100% de finalización de auditoría diaria	**Medida:** horas de inactividad / número de fallas repetidas Meta: Reducir las fallas repetidas en un 50 % para el tercer trimestre
Rentabilidad	**Medida:** Tiempo de respuesta de quejas Objetivo: Responder en 24 horas	**Medida:** Reproceso Meta: Reducir el retrabajo en un 40% en 12 meses	**Medida:** Daños de transporte Objetivo: Reducir los daños en envío en un 20 %: tomar medidas en cada caso	**Medida:** Número de casos rechazados Meta: 10 % de mejora en el tiempo de detección/tiempo de corrección en 6 meses.	**Medida:** Finalización del mantenimiento planificado Meta: 100% de finalización semanal

EQUIPOS	EQUIPO DIRECTIVO	EQUIPO DE OPERACIONES	EQUIPO DE ENVÍOS	EQUIPO DE CALIDAD	EQUIPO DE MANTENI-MIENTO
Personas	**Medida:** Cumplimiento de la formación en resolución de problemas Meta: Capacitar a todos los miembros en la resolución de problemas básicos dentro de los seis meses.	**Medida:** Número de ideas de mejora presentadas/implementadas Meta: Implementar 3 mejoras por turno cada mes: cumplimiento del 100 % del programa de capacitación mensual	**Medida:** Número de mejoras presentadas/implementadas Meta: Implementar 3 sugerencias de mejora cada mes: cumplimiento del 100 % del cronograma de capacitación mensual	**Medida:** Número de mejoras presentadas/implementadas Meta: Implementar 3 sugerencias de mejora cada mes: cumplimiento del 100 % del cronograma de capacitación mensual	**Medida:** Número de mejoras implementadas cada semana Objetivo: Reducir la acumulación de implementaciones de mejora en un 50 % en 6 meses. Cumplimiento del 100 % del cronograma mensual de capacitación en seguridad y resolución de problemas

*La cuadrícula de KPIs no se limita a manufactura. Hemos implementado estrategias de alineación similares en organizaciones de servicios como bancos, hospitales y apoyo administrativo dentro de organizaciones de manufactura.

Como puede ver en esta cuadrícula, se han desarrollado objetivos para cada KPI (Calidad, Rapidez/Entrega, Rentabilidad, Personas) y cada departamento (Gerencia, Producción, Envío, Calidad y Mantenimiento). Con estas metas, estrategias y medidas claras ahora establecidas, tanto los líderes como los colegas en la línea de frente entienden claramente las expectativas y administran de manera efectiva su contribución al negocio.

"La condición más poderosa de todas es cuando toda la organización está alineada con su misión, y las pasiones y el propósito de las personas están sincronizados entre sí".

—Bill George, Profesor de Practicas de Administración. Escuela de Negocios de Harvard, ex CEO de Medtronic

¿Cómo se Determina el Éxito en su Organización?

Tal vez los encuestadores tengan razón después de todo. Tal vez los empleados no entiendan realmente la estrategia de su organización o cómo pueden contribuir al éxito de esta. Este fenómeno, que aprendimos de primera mano, no se limita a los empleados en la línea de frente. Recientemente, cuando trabajábamos con un grupo gerencial en una empresa muy conocida con ubicaciones repartidas por todo el mundo, nos encontramos con testimonios igualmente sorprendentes. Nuestro trabajo con este grupo empresarial se centró en establecer un esfuerzo de mejora continua diseñado para involucrar a los empleados en la optimización de sus procesos de trabajo y la mejora de la satisfacción del cliente.

Durante la primera reunión en nuestro primer día de trabajo con el líder de la empresa y una docena de gerentes de departamento, simplemente les preguntamos cómo se medía el éxito de su empresa. ¿Cuáles eran sus criterios de éxito? Luego de una larga e incómoda pausa, en la que los gerentes de departamento se miraron entre sí y al líder de la empresa en busca de pistas, llegó la pura verdad: ¡realmente no sabían! Trabajaron muy duro, cada uno de la docena de departamentos, con personal profesional, trabajando diligentemente para hacer el trabajo, pero no estaban seguros de cómo se veían sus esfuerzos y si realmente había medidas.

No hace falta decir que el desarrollo de la visión, la estrategia, los objetivos y las medidas estaban ahora en lo más alto de su lista de tareas pendientes.

Gestión Visual

La gestión visual es quizás la forma más eficaz de compartir información y crear un lugar de trabajo lleno de energía. Hay una variedad de tablas y gráficos visuales disponibles para complementar su gestión visual de KPIs. El objetivo es:

1. Capture visualmente el desempeño de cada departamento.

2. Revisar el desempeño diariamente.

3. Establezca una línea clara de sitio entre la visión, las metas y las medidas y el trabajo que la gente está haciendo cada día.

Cada objetivo y medida que se ha definido se puede hacer visible eligiendo entre muchas opciones de control visual (es decir, codificación de colores, tableros de desempeño visual, señalización, tableros de sombra, demarcación de piso) que mejor se adapte a su medida específica.

El propósito de la gestión visual es el conocimiento, no los números. La gestión visual le permite comparar instantáneamente el desempeño esperado con el real y tomar medidas cuando no es aceptable. Implementada correctamente, la gestión visual promueve el sentido de pertenencia, el enfoque, la transparencia, la resolución de problemas y, por lo tanto, fomenta la mejora continua.

Un Dilema Común

Cuando comenzamos a trabajar con equipos en la línea de frente, a menudo planteamos la pregunta "¿tuviste un buen día en el trabajo ayer?" Casi sin excepción, escuchas rápidamente que "sí, tuvimos un buen día, las cosas salieron bien". Continuamos con otra pregunta, "¿cómo lo sabes?" Ahora las cosas se ponen un poco tranquilas, las respuestas a menudo van desde "creemos que tuvimos un buen día, no escuchamos ninguna queja" o "nuestro jefe no nos gritó" y así sucesivamente sin un criterio real para respaldar su reclamo de tener un buen día.

Aquí tiene un grupo de buenos empleados que podrían proporcionar un resumen minuto a minuto del juego de pelota de ayer, quién anotó primero, quién lanzó, el puntaje final, etc. Pero cuando se trataba de su trabajo, ¿dónde pasaron al menos 8 horas, ¡no pudieron demostrar definitivamente con evidencia que tuvieron un buen día! Intente esto alguna vez y vea lo que encuentra.

Ventajas de la Gestión Visual

▶ Proporciona retroalimentación instantánea.

▶ La medición es la base para la mejora.

▶ El marcador motiva e inspira.

▶ Un marcador enfoca a las personas en lo que es importante.

▶ Cuando se requiere asistencia, se hace evidente.

▶ Las tendencias y las brechas de desempeño se vuelven claras, lo que genera acciones correctivas rápidas.

▶ La gestión visual permite que todos los miembros sepan y comprendan cómo se están desempeñando, destaca las tendencias y desencadena la resolución de problemas. Esta idea anima a los miembros a ser proactivos y responsables.

Acortar el Tiempo de Retroalimentación

La gestión visual debe ser pertinente y actualizada. Si el desempeño esperado no coincide con el desempeño real, la retroalimentación actual permite acciones rápidas e inmediatas. Repasar los fallos de desempeño de la semana un viernes por la tarde es prácticamente inútil. La semana ha terminado, la tirada está completa, los rechazos ya están contados. ¡ES DEMASIADO TARDE!

Es importante tener en cuenta la distinción entre monitorear el desempeño y administrar el desempeño. Al administrar el desempeño, las acciones correctivas que se toman diariamente en función de los datos actuales pueden minimizar las ineficiencias y el desperdicio. Cuando la acción se retrasa o no llega, simplemente está monitoreando el desempeño y un ciclo continuo de desempeño por debajo del promedio se convierte en la norma, lo que socava los resultados y el compromiso de los empleados.

Recientemente, un empleado de la línea de frente relató su experiencia con un gráfico de desempeño de calidad diario: "Si el desperdicio aumentara en un día determinado, esto indicaría la necesidad de resolver el problema. Nos reunimos a diario y revisamos nuestras métricas de calidad y tomamos las medidas necesarias, a menudo resolviendo el problema. Ya no tenemos que esperar hasta que se reúna el Equipo de Calidad. Actuamos ahora, cuando los datos y la memoria están frescos. Evitamos reelaboración adicional y pérdida de producto. Somos proactivos y orgullosos".

La gestión visual de objetivos y medidas permite al Liderazgo:

▶ Responder a la salud de la iniciativa mejora continua en tiempo real.

▶ Entrenar equipos o miembros del equipo en nuevos comportamientos.

▶ Apoyar a los miembros del equipo en el cumplimiento de sus objetivos.

La gestión visual de objetivos y medidas permite a los empleados a:

▶ Concéntrese diariamente en la mejora.

▶ Reforzar nuevos comportamientos.

▶ Participar en su trabajo de manera significativa.

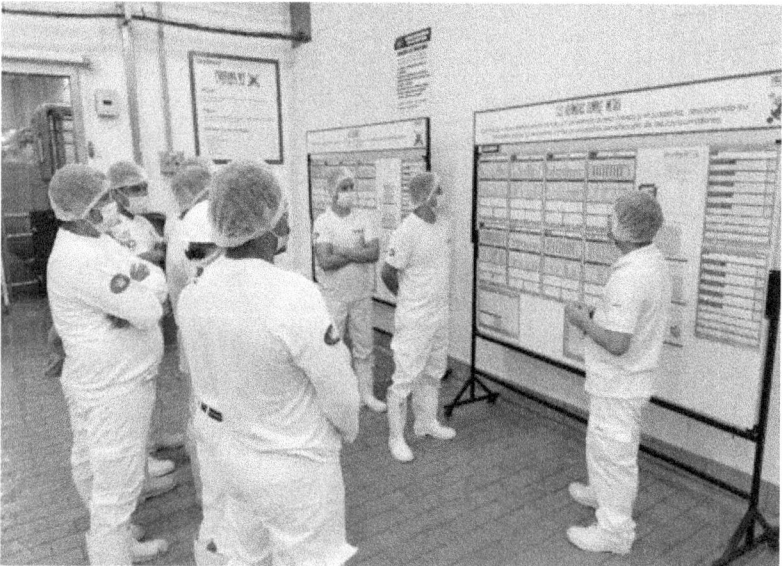

Figura 6: Los miembros del equipo discuten los resultados de mejora.

ALINEAMIENTO DE METAS
APRENDIZAJES

▶ Comience con una visión clara y convincente del futuro, comunicando a todos POR QUÉ es lo mejor para la organización, los empleados y las partes interesadas. Comparta los objetivos y el mapa de la estrategia con pasos, puntos de referencia, cronogramas, objetivos y KPIs.

▶ Cree un lugar de trabajo visual donde se realice la evaluación diaria de KPIs en cada departamento y en cada nivel de la organización. Todos ahora se dan cuenta de cómo se están desempeñando en la búsqueda de sus objetivos.

▶ Deje claras las expectativas de los colegas para lograr la visión.

Las plantillas de OMEM y red de KPIs están disponibles para descargar en www.thefivekeys.org

CASO DE ESTUDIO: LAS DOS SITIOS HERMANOS RESOLVIENDO EL ROMPECABEZAS

Alineación de objetivos: el proceso de alinear los objetivos individuales de los empleados con los objetivos estratégicos de la organización, creando una línea de visión directa que conecta a todos los miembros con un propósito y plan común.

Alinear los objetivos y las expectativas en toda la organización es el momento en el que podemos tomar medidas sobre la estrategia y la visión. Al principio del viaje de mejora continua para el Sitio 1, desarrollamos la comprensión y la disciplina para articular la visión y la estrategia y luego transmitir objetivos procesables a todos los equipos en todo el sitio. El Equipo de Liderazgo rápidamente se dio cuenta de lo poderosa que puede ser esta práctica. Trimestralmente, los objetivos se reevalúan y modifican para lograr un equilibrio óptimo de mejora, relevancia y eficacia. Si la estrategia y los objetivos cambian durante el año, las metas se modifican adecuadamente, lo que permite que el negocio gire según sea necesario.

Un buen ejemplo ocurrió hace varios años cuando se introdujeron nuevos estándares, equipos y prácticas de seguridad en toda la empresa en todo el mundo. Los cambios fueron significativos en este enorme proyecto de varios años. Esta iniciativa de seguridad requería la instalación de equipos de detección, nuevos procesos, capacitaciones adicionales y un nuevo conjunto de requisitos de seguridad conductual. El Sitio 1 ya mantenía una excelente cultura de seguridad; sin embargo, el mandato empresarial ahora había cambiado. En ese momento, muchos de los objetivos de ejecución diaria de "producto listo para usar" se habían vuelto innecesarios para administrar visualmente. Los nuevos requisitos comerciales brindaron la oportunidad de realinear la organización en torno a un esfuerzo muy importante.

Se creó una visión que refleja la importancia de integrar la nueva iniciativa de seguridad en la cultura actual. Se definieron objetivos e hitos, se desarrollaron estrategias y se distribuyeron metas y medidas en cascada en todo el sitio. Se comunicó el plan y se aclararon las expectativas.

El Comité Directivo respondió incluyendo aspectos del nuevo programa de seguridad en el plan formal de premios y reconocimiento. Las mejoras de seguridad ahora debían acelerarse a través del proceso de idea de mejora existente. En poco tiempo, el Sitio 1 se convirtió nuevamente en el sitio modelo.

En contraste, el Sitio 2 luchó para definir las metas y objetivos anuales de la planta. Esta incertidumbre hizo que los objetivos y las expectativas fueran difíciles de definir en cada departamento y equipo de primera línea, especialmente los nuevos comportamientos asociados con la mejora continua y la seguridad. Los empleados entendieron bien las metas y expectativas de producción diaria. El miedo al fracaso lo dejó claro.

Tres años después de nuestro viaje, seguí experimentando una resistencia a definir las métricas del sitio y transmitirlas en cascada a los equipos. Hicieron lo suficiente para "marcar la casilla". Estaba agotado con la conversación y había intentado todos los enfoques posibles para transmitir la importancia, sin hacerlo por ellos. De hecho, comencé a recibir críticas de la oficina corporativa sobre la efectividad del trabajo que estaba haciendo con el sitio. En una visita del tercer trimestre, realicé mi recorrido diario por las instalaciones y terminé en la oficina de reuniones del equipo de liderazgo para verificar, una vez más, las métricas de toda la planta. Los gráficos de gestión visual no se actualizaron en las dos métricas que se habían elegido. Miré más profundamente para descubrir que una tercera métrica era una descripción sarcástica del estado actual. La métrica se definió como "pasar el resto del año sin métricas en toda la planta": ¡los nueve meses de resultados se pintaron de verde por su éxito en este logro!

Tomé una foto y la envié junto con mis últimos cuatro informes trimestrales del sitio reiterando las mismas recomendaciones a la oficina corporativa. El foco ya no estaba sobre mí. Se agregó un nuevo nivel de responsabilidad al sitio. Pasé mi cuarto trimestre y última visita del año trabajando con el equipo de liderazgo definiendo y conectando en cascada objetivos, métricas y expectativas. ¡Al año siguiente, el sitio hizo un buen progreso!

LA RESPONSABILIDAD POR LOS RESULTADOS INICIA CON USTED

RESPONSABILIDAD

MOTIVACIÓN

BARRERAS

GESTIÓN VISUAL

DAR SEGUIMIENTO

RECONOCIMIENTO

Responsabilidad por los resultados: una obligación o voluntad de aceptar la responsabilidad y dar cuentas de las acciones de uno.

"Puedes asignar tareas, pero no puedes obligar a las personas a rendir cuentas. La rendición de cuentas es un acto de voluntad".

—Roberto (Bob) Reish,
Coach y consultor empresarial

Lunes por la Mañana

Sucede, una y otra vez, incluso en organizaciones de "clase-mundial". Concluye una reunión de planificación con 10 de sus colegas y crea una lista de elementos que deben realizarse. María hará esto y Juan se encargará de aquello. Todos en su reunión están entusiasmados y confiados en el éxito de este proyecto de mejora. Cada persona confirma su apoyo y voluntad de ayudar. Las acciones se planean y acuerdan, las fechas se establecen, todos se ofrecieron como voluntarios para ayudar, por lo que tiene confianza, siente que está listo para comenzar: ¡un gran comienzo!

Un mes después, se reencuentran y sus peores temores se hacen realidad. Los miembros del equipo que dijeron que ayudarían hicieron poco o nada para hacer avanzar el proyecto. Los colegas miran hacia otro lado evitando su mirada, las cabezas cuelgan bajas. La gente se avergüenza y te sientes enojado y consternado. Entonces, ¿qué salió mal? Tus compañeros son buenas personas, trabajan duro, son muy responsables; piensas para ti mismo, "¿Qué pasó en el mundo? Pensé que podía contar con estas personas, que ellos le darían seguimiento a las acciones".

Es probable que encuentre este escenario al liderar los esfuerzos de cambio. A pesar de las mejores intenciones, algunos colegas se desilusionarán en lo que respecta al seguimiento[38].

En este capítulo consideraremos:

▶ El papel del Líder de Mejora Continua.

▶ Cuándo y por qué las personas no cumplen.

---

[38] Andrew Robertson, Nate Dvorak, Jennifer Robinson. Gallup. "Five Ways to Promote Accountability." https://www.gallup.com/workplace/257945/ways-create-company-culture-accountability.aspx2019.

▶ Barreras.

▶ Motivación.

▶ Errores y fallas.

▶ Gestión visual.

▶ Celebrar el éxito/Acelerador de cambios.

Líderes de Mejora Continua

Como impulsor de su esfuerzo de mejora continua, un aspecto crítico de su éxito es su capacidad para involucrar a otros en el esfuerzo y generar responsabilidad. Pero a pesar de la necesaria confianza en los demás, es el líder de Mejora Continua quien debe crear el entorno en el que el impulso por las mejoras sea implacable. Sin el seguimiento de los demás y un nivel persuasivo de rendición de cuentas, no se logrará el progreso.

Lo que usted puede hacer para generar mayor responsabilidad y seguimiento

Como líder de un grupo de mejora, espera que aquellos a los que dirige se desempeñen de cierta manera predecible. Sus expectativas son aquello por lo que está tratando de responsabilizar a sus colegas. Estas expectativas son aquellas cosas que usted necesita que otros hagan para hacer avanzar la iniciativa de Mejora Continua.

Seguimiento simplemente significa que los miembros del equipo cumplen con sus responsabilidades y compromisos asignados. Si los miembros del equipo no cumplen con sus compromisos, es posible que se enfrente a una letanía de excusas, algunas legítimas y otras no, ofrecidas por sus compañeros de equipo. Desafortunadamente, esto hace poco para liberarlo de sus responsabilidades para mantener el proyecto en marcha. Independientemente de si las excusas son genuinas o meras coartadas, el mayor problema es que ellos eluden las acciones necesarias. Peor aún, estos retrasos demuestran que la falta de rendición de cuentas es aceptable.

Si bien puede existir la tentación de culpar del lento progreso a la falta de seguimiento por parte de ciertos miembros de su equipo, sigue siendo su obligación mantener el proceso encaminado y cumplir con los plazos previstos. Es por eso por lo que depende de usted corregir este problema.

Tome Responsabilidad

El primer paso para abordar este desafío universal es que USTED asuma la responsabilidad por la capacidad o la falta de seguimiento de las personas. Pregúntese: "¿Qué estoy haciendo o dejando de hacer que contribuya a su incumplimiento o falta de rendición de cuentas?

Al reconocer que tiene un papel en el fracaso de su colega para cumplir, lo obliga a ver el problema como uno en el que debe tener un papel para resolverlo. *Tiene un equipo y lo resolverán juntos.* También es importante recordarse a sí mismo que, al final del día, los retrasos y los fracasos recaerán sobre sus pies, no sobre aquellos a quienes dirige. Como sucede tan a menudo en los deportes cuando un equipo tiene un bajo rendimiento, ¡es el entrenador el que es despedido, no los jugadores!

Cuando lo Gente no Cumple

La falta de seguimiento puede descarrilar rápidamente incluso los esfuerzos de mejora más prometedores. Para evitar este escollo, comprenda las causas y planifique en consecuencia.

Primero: considere el impacto entre sus compañeros de equipo. Estos sucesos, independientemente de cuán raros sean, socavan sus esfuerzos. El incumplimiento de un colega afecta la moral del equipo, su participación futura y el respeto por usted. Si no logra abordar este problema de manera efectiva, sin duda seguirá lidiando con este problema a lo largo de los esfuerzos de Mejora Continua.

Segundo: aceptar la responsabilidad. Como líder de Mejora Continua, usted es el responsable final del éxito o el fracaso de la iniciativa de mejora. No puede permitir que el impacto negativo de las expectativas no cumplidas socave su arduo trabajo y compromiso con el cambio.

Tercero: sea proactivo. Un medio efectivo para ayudar a garantizar el seguimiento de los colegas es mediante la estandarización de actualizaciones periódicas del progreso. Con actualizaciones constantes, puede monitorear el progreso y eliminar sorpresas en los días de vencimiento. Una táctica adicional para reforzar este enfoque es incorporar "actualizaciones" como una función en su sistema de gestión visual.

Cuarto: sea implacable. <u>Lo más importante</u> es que debe enfrentarse a las expectativas insatisfechas, <u>¡no las deje pasar!</u>

Por qué la gente no da seguimiento

En nuestra experiencia, las razones más citadas por los equipos de Mejora Continua para la falta de seguimiento incluyen:

▶ No tiene tiempo.

▶ No tiene los recursos.

▶ Falta de claridad (no estar seguro de lo que se suponía que debían hacer).

▶ Falta de habilidad (saben lo que se supone que deben hacer, pero no tienen las habilidades).

▶ Baja motivación.

▶ La tarea era demasiado abrumadora.

▶ Sin repercusiones si no tienen éxito.

▶ No ven la tarea como importante.

▶ Cultura de "laissez faire" (dejar hacer): En muchas organizaciones, la noción de rendición de cuentas es solo un deseo.

Esta lista se puede dividir en 2 categorías principales: Obstáculos y Urgencia.

OBSTÁCULOS	URGENCIA
Falta de claridad	Status Quo
Tiempo disponible	Prioridades en competencia
Habilidad / Capacidad	Sin repercusiones
Recursos	Resistencia al cambio

Independientemente de las razones, el desafío es ayudar a su equipo a tener éxito.

¿Y si?

Si usted acepta la justificación de su colega para no completar las tareas acordadas, ¿entonces qué?

Solo hay unas pocas opciones para que usted elija:

▶ Acepte que esta persona no es confiable, por la razón que sea, y minimice su dependencia de ella para seguir adelante.

▶ Reasignar el trabajo a otra persona.

▶ Haga el trabajo usted mismo.

▶ Reemplace a la persona, si es posible.

▶ Trabaje con el colega para evitar que se repita.

Para algunos líderes de Mejora Continua, su posición dentro de la organización les brinda la autoridad para exigir responsabilidad o, al menos, alguna medida de ella.

Supongamos que usted es una persona de nivel medio en su organización y reconoce que amenazar o emitir acciones disciplinarias no está en su arsenal. Entonces, ¿cómo vas a crear el nivel de responsabilidad necesario para llevar a cabo esta misión? Primero, concéntrese en eliminar el obstáculo. En segundo lugar, aumente la urgencia del equipo.

Eliminación de obstáculos

Falta de claridad: este problema le corresponde a usted resolverlo. Si las personas no están seguras de sus expectativas específicas, se vuelve imposible cumplir con sus requisitos. Para garantizar la claridad de las tareas, confiamos en la fórmula SMART probada y verdadera para garantizar que las expectativas sean claras. Para cada asignación a otros miembros del equipo de mejora continua, siga el mismo enfoque de objetivos SMART:

ESPECÍFICO	<ul><li>¿Qué debe lograse específicamente?</li><li>¿Por qué? ¿Qué beneficios se producirán?</li><li>Provea detalles: Quién, Qué, Por qué, Cuándo y Dónde</li></ul>
MEDIBLE	<ul><li>¿Cómo se medirá el progreso? ¿Métricas?</li><li>¿Cuáles son los hitos?</li><li>¿Cómo se sabrá que se ha alcanzado el éxito?</li></ul>

ALCANZABLE	▪ ¿Son realistas los objetivos, las taras y los plazos? ▪ ¿Tenemos talento, las habilidades y el compromisos necesarios? ▪ ¿Están disponibles el tiempo adecuado y otros recursos?
RELEVANTE	▪ ¿Esta meta se alinea con la visión de nuestra organización? ▪ El logro de este objetivo hará avanzar a la organización? ▪ ¿Otros verán el valor de lograr este objetivo?
TIEMPO DE ENTREGA	▪ ¿Cuál es la fecha límite para lograr esta meta/tarea? ▪ ¿Cuándo comenzarán las acciones? ▪ ¿Qué impacto negativo es probable si no se logra cumplir con el cronograma?

Tiempo: El tiempo es a menudo un obstáculo muy legítimo. En estas circunstancias, es posible que sea necesario volver a calcular la fecha límite acordada, dividir la tarea en incrementos más pequeños y/o agregar más personas a la tarea.

Habilidad/Capacidad: es vital que un miembro del equipo tenga la habilidad o la capacidad para llevar a cabo una tarea. Hemos encontrado que las personas son muy reacias a admitir que no poseen la competencia para completar una tarea asignada. Cuando la habilidad o competencia es el problema real, a menudo se citan otras razones como la razón por la que no se completó el elemento. Si el problema está relacionado con la habilidad, ayude proporcionando la capacitación necesaria para desarrollar la habilidad, agrupe a alguien que tenga la habilidad requerida o asigne esa tarea a otra persona.

Recursos: si se cita la falta de recursos por no cumplir con un plazo, otros en el equipo pueden ayudar a proporcionar o ayudar a asegurar el recurso requerido. En ocasiones, la solicitud de recursos adicionales no es factible. Como todas las iniciativas, existen presupuestos, otras prioridades y restricciones que limitan los recursos deseados. Explore otras opciones con su equipo y otros líderes. Si los recursos esenciales son absolutamente necesarios, haga personalmente la solicitud a quienes estén en condiciones de proporcionarlos.

Incrementando la urgencia

Las iniciativas de cambio, por su propia naturaleza, dan un vuelco a muchas prácticas laborales establecidas al mismo tiempo que introducen nuevos comportamientos en el lugar de trabajo. En muchos casos, los cambios necesarios para el esfuerzo de mejora no son necesariamente bienvenidos. Sin embargo, esperamos que nuestros colegas, especialmente aquellos que trabajan con nosotros en la implementación, acepten y aboguen con entusiasmo por estos cambios.

En el mundo real, sin embargo, estas esperanzas pueden no cumplirse. Puede encontrar que algunos miembros del equipo estarán allá afuera, impulsando el cambio, mientras que otros en el equipo pueden dudar de ser vistos golpeando el tambor del cambio. Estos miembros de equipo pueden estar reaccionando a sus propias preocupaciones personales o las de sus compañeros de trabajo. Independientemente, el desafío es aumentar la motivación y reunir a los colegas para la causa. Su comprensión de los siguientes cuatro asesinos de la motivación contribuirá a construir el apoyo que necesita:

1. Desafíe el statu quo

La complacencia es el mayor asesino de los esfuerzos de cambio. En ausencia de una crisis importante en su organización, la mayoría de sus colegas probablemente están contentos con la ejecución diaria de sus funciones actuales. Dan un buen día de trabajo, pero son reacios a inscribirse para obtener más. Generalmente, la mayoría desconoce los cambios que ocurren en su industria, lo que están haciendo sus competidores, las demandas cambiantes de los clientes y las oportunidades futuras para su organización. Si bien pueden estar de acuerdo en que se necesitan mejoras, por lo general sus días están llenos y los compromisos adicionales no son bienvenidos. Para ganar tracción aquí, el esfuerzo de cambio *debe considerarse de alta prioridad y un beneficio sustancial tanto para la organización como para sus colegas.*

Un enfoque para ayudar a demostrar la importancia del esfuerzo es solicitar que un ejecutivo respetado que tenga conocimiento de primera mano de los desafíos que se avecinan les hable sobre la importancia de la iniciativa de cambio y se reúna con su equipo. Los comentarios de los clientes también pueden tener un fuerte impacto en las perspectivas de sus colegas. Incluso proporcionar más información sobre sus competidores y sus esfuerzos de cambio puede agregar información y contribuir a un sentido de urgencia.

2. Prioridades en conflicto

Múltiples prioridades crean un tira y afloja de la vida real para el tiempo de trabajo de sus compañeros de equipo y debe reconocer que su iniciativa es solo una de las muchas demandas que compiten por la atención de sus colegas. Para centrar la atención en su iniciativa de cambio, sus colegas deben comprender la estrategia organizativa general y por qué es necesario actuar en este esfuerzo ahora. Puede ser muy útil reafirmar y reforzar continuamente las razones del cambio y los beneficios tanto para la organización como para el individuo.

La comunicación, sin importar cuán completas sean, rara vez exceden la necesidad de saber, así que mantenga a los miembros actualizados. Compartir el progreso y los hitos alcanzados contribuyen en gran medida a aumentar la motivación. La gente quiere ser parte de una victoria, y si esta iniciativa parece ganadora, querrán estar a bordo.

3. Sin repercusiones

El viejo proverbio "se cazan más moscas con miel que con vinagre" sigue siendo válido. Sin embargo, también nos gusta este sabio adagio de Moliere: *"no es solo lo que hacemos, sino también lo que no hacemos, de lo que somos responsables"*. Como campeón de Mejora Continua, tiene el derecho y el deber de señalar a los colegas que no cumplen o no dan seguimiento a las acciones acordadas. Suponiendo que se hayan eliminado los obstáculos y que solo la falta de consecuencias permite a los colegas ignorar sus compromisos, entonces es el momento de tomar las medidas disponibles para usted.

4. Resistencia al cambio

Debido a que la resistencia prevalece tanto en cualquier esfuerzo de cambio, le sugerimos que vuelva a leer Lidiar con la Resistencia: Normal y Predecible, Factores de resistencia y Hágalo seguro en el capítulo Liderazgo.

No huyas de los errores y fracasos

El fracaso y los contratiempos son ingredientes para una gran historia. Ser responsable también significa compartir las malas noticias, así como las buenas. Sin duda habrá pasos en falso para compartir públicamente durante sus esfuerzos de mejora. Se cometerán errores.

Si bien algunos contratiempos pueden ser imposibles de planificar, reconocerlos cuando ocurren, aprender de ellos y proporcionar una corrección de rumbo mejora su credibilidad y genera confianza entre sus colegas. Por lo general, cuando ocurren estas fallas, otros ya lo han notado. Asumir la responsabilidad le permite avanzar rápidamente y demuestra su adaptabilidad y competencia como líder.

Nuevos hábitos y cultura intencional

La rendición de cuentas no es sólo para la gestión de proyectos. Al cambiar los comportamientos colectivos en una organización, tenga en cuenta los principios y la ciencia del cambio de comportamiento personal. Para estandarizar y reforzar las nuevas rutinas, deben ser diarias, repetibles, medibles y responsables. Los Procedimientos Estándares de Operación (PEOs), el trabajo estándar, la gestión visual, el reconocimiento y premios brindan ese enfoque necesario y consistente. La rendición de cuentas para estabilizar la regresión natural de nuevos comportamientos es imprescindible. (Ver Trabajo Estándar y PEOs en el Capítulo de Liderazgo)

Gestión Visual de Compromisos

La gestión visual de tareas y compromisos es el medio más simple y eficaz para reforzar la rendición de cuentas. Al crear una documentación visual de las tareas acordadas, los cronogramas y los colegas responsables, proporciona un estado actualizado de los aspectos importantes de sus esfuerzos para que todos lo vean. Esta transparencia fortalece su estrategia de comunicación y estimula un mayor interés y compromiso con el esfuerzo. Este proceso le permite generar cumplimiento sin ser autoritario. El registro visual habla por sí solo. Nuestro consejo: mantenlo simple.

> El poder de la gestión visual nos quedó claro, hace muchos años, cuando visitamos un sitio de fabricación en Sudáfrica. En el lado izquierdo del pasillo de entrada había una exhibición interesante con más de 100 placas de madera, una para cada empresa en su cadena de proveedores. En cada

placa estaba el nombre de la empresa proveedora, el producto o servicio que brindaban y una foto sonriente de ese CEO. Justo enfrente de esta pantalla, ubicada en la pared opuesta, había 5 placas similares.

Encontrando curioso este arreglo de placas, le preguntamos al gerente del sitio sobre la configuración, con solo 5 resaltados en una pared y cien en la otra. Sonriendo, respondió, la pared con los cien proveedores son empresas que son grandes socios y están haciendo un buen trabajo. El muro, explicó, con solo 5 eran empresas cuyo desempeño fue insatisfactorio y que pronto serán reemplazadas!

¡WOW! ¡Hablando de una imagen para reforzar la rendición de cuentas!

La potencia de la gestión visual no se puede exagerar. La gestión visual es simple y eficaz y, cuando se usa correctamente, promueve la transparencia y la rendición de cuentas desde la primera línea hasta la oficina corporativa. Si bien existen muchas aplicaciones diferentes para la gestión visual, cada control debe proporcionar una evaluación rápida del estado y señalar una acción inmediata cuando sea necesario. El uso de controles visuales fomenta la rendición de cuentas.

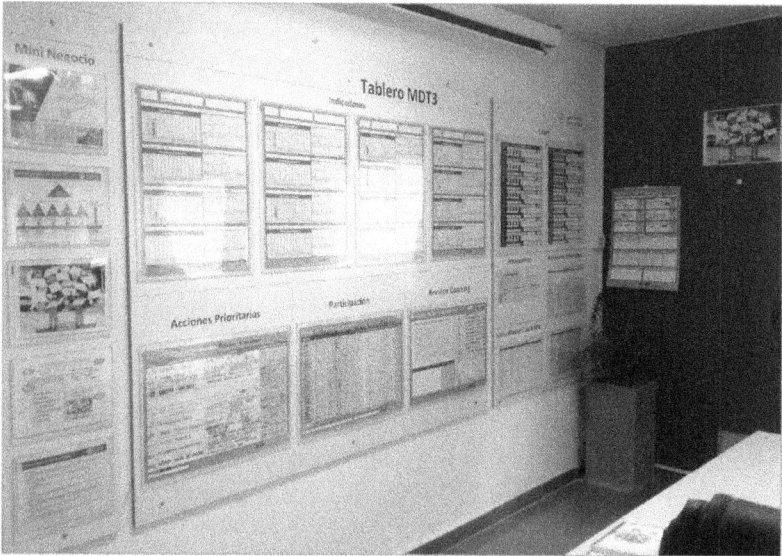

Figura 7: Un equipo de primera línea actualizando su desempeño diario y sus planes de acción.

"Hacer que la responsabilidad por los resultados o rendición de cuentas sea más fácil de ver y ejecutar es el objetivo que subyace en la forma de pensar, las herramientas y los enfoques de Lean Management. Pero no confunda herramientas y técnicas con el ingrediente indispensable: usted como Director de Responsabilidad por los Resultados. Sin usted, ninguna herramienta, ningún proceso, ningún libro puede hacer que la implementación Lean sea una propuesta saludable, creciente y de mejora". (Mann 2005)[39]

–David Mann

Sueldo Variable: Bonos e Incentivos

Pago variable o discrecional es un término que cubre comisiones, bonos, incentivos y otras compensaciones pagadas generalmente a discreción exclusiva del empleador. Estos programas de pago

---

[39] David Mann. *Creating a Lean Culture*. (New York: Productivity Press, 2005).

están diseñados para recompensar ciertos comportamientos y mejorar el desempeño. En una encuesta de 2018 realizada por Payscale, casi las tres cuartas partes de todas las organizaciones encuestadas dijeron que ofrecen algún tipo de pago variable[40]. (Payscale.com 2018).

Hay muchos tipos de bonificaciones (es decir, bonificación anual, participación en las ganancias, plan ESOP de propiedad de acciones de los empleados, pago por mérito, bonificación por retención, opciones sobre acciones, etc..) y generalmente se pagan por los objetivos que se han logrado. A menudo, los bonos son parte del paquete de compensación anual de los empleados.

El pago de incentivos difiere en que es un premio (pagado además del salario o salario base) ligado directamente a comportamientos y desempeño futuros. (es decir, trabajo a destajo, proyectos, desempeño mejorado, rol específico, basado en objetivos, rotación de trabajos, certificaciones, equipo/grupo, departamentos).

Vinculando el pago variable a la mejora continua

Si su organización actualmente utiliza programas de pago variable, la oportunidad de incluir conductas y actividades específicas de mejora continua puede ser un acelerador del programa. Nuestra experiencia es que cuando la compensación está expresamente vinculada a los objetivos organizacionales, incluida la mejora continua y el compromiso de los empleados, los colegas se motivan e involucran más. Considere también los incentivos para equipos, ya que son cada vez más populares y, según el estudio

---

[40] Payscale.com. "Variable Pay Trends Into 2018: Who Gets It, What Types and Why." April, 2018.
https://www.payscale.com/compensation-today/2018/04/variable-pay-trends#:~:text=While%20Individual%20performance%20is%20highly,team%20performance%20(40%20percent).

CBPR de 2017, el 38 % de las organizaciones empresariales los utilizan[41].

Cuidado: competencia malsana

Una palabra de precaución: es importante considerar la cultura actual de su lugar de trabajo, su fuerza laboral y el historial de la organización al diseñar programas de pago variable. Si el programa se considera injusto o si las personas, los equipos o los departamentos compiten entre sí de forma poco saludable, los resultados pueden ser perjudiciales.

En su papel como líder de Mejora Continua, abogar por un enfoque constante en las metas y objetivos comunes de la organización ayudará a alentar a los colegas a trabajar juntos como equipo, no como individuos en busca de recompensas financieras personales.

Nuestro consejo sobre el pago discrecional

Creemos y nuestra experiencia confirma que el viejo adagio "lo que se mide se hace" sigue siendo válido cuando se trata de la compensación de los empleados. Al vincular aspectos de sus iniciativas de mejora continua, como mejoras en el desempeño, compromiso, rendimiento, etc., con incentivos y recompensas, eleva acciones, comportamientos y resultados específicos entre los gerentes y colegas en la línea de frente.

Sin embargo, es fundamental para el éxito del pago discrecional que las prácticas de pago sean justas, equitativas, consistentes y entendidas.

---

[41] Payscale.com. "Variable Pay: Is There a Difference Between a Bonus and an Incentive?" June, 2017.
http://www.payschle.com.compensation-today/2017/06/difference-bonus-incentive

Revisiones de Desempeño: ¿impulsores de la mejora continua?

Las revisiones anuales de desempeño han sido parte de la escena empresarial aquí y en todo el mundo durante décadas. "En la década de 1940, alrededor del 60% de las empresas estadounidenses usaban evaluaciones para documentar el desempeño de los trabajadores y asignar recompensas. En la década de 1960, eran cerca del 90%.[42]

Si bien las revisiones anuales de desempeño pueden haber sido bien intencionadas, la práctica real de un empleado que se sienta con su gerente, una vez al año, para evaluar su desempeño, posible promoción, salarios y metas para el próximo año se ha convertido en una pesadilla para muchos. -tanto para colaboradores en la línea de frente como para gerentes por igual.

"Según la Sociedad para la Gestión de Recursos Humanos, y como se informa en Slate, "el 95% de los empleados están insatisfechos con el proceso de evaluación de su empresa. Además, el 90 por ciento no cree que el proceso proporcione información precisa".

Peor aún, un estudio de Adobe descubrió que las revisiones de desempeño no tienen ningún efecto sobre cómo hacen su trabajo.[43]

---

[42] Lydia Dishman. "The Complicated and Troubled History of the Annual Performance Review." *Fast Company*. November, 2018. https://www.fastcompany.com/90260641/the-complicated-and-troubled-history-of-the-annual-performance-review

[43] Thomas Koulopoulos.. "Performance Reviews are Dead. Here's What You Should Do Instead." Inc. February, 2018. https://www.inc.com/thomas-koulopoulos/performance-reviews-are-dead-heres-what-you-should-do-instead.html

A pesar de lo traumático que puede ser una revisión anual para muchos empleados de base, a los gerentes tampoco les gusta el proceso. Los gerentes odiaban hacer revisiones, como quedó claro en encuesta tras encuesta. Willis Towers Watson descubrió que "el 45% no veía valor en los sistemas que usaban". Deloitte informó que el 58% de los ejecutivos de recursos humanos consideraban que las revisiones eran un uso ineficaz del tiempo de los supervisores. En un estudio realizado por el servicio de asesoría CEB, "el gerente promedio informó que dedica alrededor de 210 horas, cerca de cinco semanas, a realizar evaluaciones cada año".[44]

"No hay forma de mejorar en algo de lo que solo escuchas una vez al año".

—Daniel Pink, autor de Drive

¿El Fin de las Revisiones Anuales de Desempeño?

A medida que la evidencia de un proceso fallido se fue acumulando a lo largo de las décadas, las empresas con visión de futuro tomaron la delantera. "Como era de esperar, empresas de tecnología como Adobe, Juniper Systems, Dell, Microsoft e IBM han liderado el camino. Sin embargo, se les han unido una serie de firmas de servicios profesionales (Deloitte, Accenture, PwC), pioneros en otras industrias como Gap, Lear, Oppenheimer Funds e incluso General Electric (el modelo a seguir desde hace mucho tiempo para las tasaciones tradicionales". Según algunas cuentas, más de un tercio de las empresas estadounidenses ya han reemplazado la revisión anual con conversaciones menos formales y más frecuentes entre los gerentes y sus empleados.[45]

---

[44] Peter Cappelli and Anna Tavis. "The Performance Management Revolution." October, 2016. https://hbr.org/2016/10/the-performance-management-revolution

[45] Ibid.

Coaching y Retroalimentación - Mejores Opciones

Desde la perspectiva de un líder de Mejora Continua, no pudimos encontrar evidencia de que las revisiones anuales de coaching generen una mayor responsabilidad en los empleados ni un compromiso con las iniciativas de mejora y nuestras décadas de experiencia lo confirman. Hemos descubierto que brindar a los empleados retroalimentación frecuente y capacitación eficaz es una manera mucho mejor de establecer y mantener la responsabilidad entre sus colegas y crear una cultura de mejora continua por la que todos nos esforzamos.

Reconocimiento – Celebración de Éxitos

Reconocimiento: honrar a los colegas por el desempeño o los comportamientos que le gustaría ver repetidos.

A lo largo de sus esfuerzos de mejora, habrá decenas de ocasiones para reconocer el buen trabajo y el progreso, si los está buscando. Identificar y aprovechar estas oportunidades debe ser muy deliberado y no simplemente una acción ad hoc que ocurre ocasionalmente.

Un método que implementamos con éxito en las organizaciones fue establecer una reunión mensual de mejora continua a la que asistieron los gerentes de departamento, los líderes de equipo y el líder del sitio. En algunas organizaciones, los colegas de primera línea también están invitados a estas reuniones, cuando es posible. Esta reunión es facilitada por el líder de CI con el propósito expreso de:

▶ Actualizar a los líderes clave del sitio sobre los esfuerzos de mejora.

▶ Alinear a los gerentes en apoyo a los proyectos.

▶ Asegurar los recursos según sea necesario.

▶ Compartir mejores prácticas.

▶ Fomentar el interés por las ideas de mejora.

▶ Competencia sana.

▶ Generar rendición de cuentas y seguimiento.

▶ Brindar reconocimiento por el trabajo bien hecho.

Ejemplo de agenda de reunión de mejora continua

Item	Acción	Persona(s)	Duración
1	Proporciona a los asistentes el estado actual de las iniciativas de mejora	Líder de Mejora Continua	5 minutos
2	Cada Gerente de Departamento informa sobre el progreso dentro de sus áreas de responsabilidad.	Gerentes de Área	3 minutos cada uno
3	Presentación de las iniciativas de mejora realizadas y en curso en cada equipo. Cualquier solicitud de apoyo de los colegas.	Líderes de equipo	3 minutos cada uno
4	Informar sobre el desempeño, las prioridades y los desafíos de toda la organización.	Líder del sitio	5 minutos
5	Reconocimientos / Premios Entrega del premio "Mejora del Mes" al Gerente de Área y Jefe de Equipo	Líder del sitio	5 minutos

Ya sea que elija una reunión de mejora continua como se describe anteriormente o cree su propio método y estructura, comprenda la importancia de una reunión programada regularmente para compartir el progreso, brindar reconocimiento e inspirar a otros. A medida que los colegas vean y escuchen lo que sucede en su sitio, también se sentirán inspirados y motivados.

Aproveche el momento

A todo el mundo le gusta una palmadita en la espalda por un trabajo bien hecho, pero con demasiada frecuencia el reconocimiento es demasiado escaso y demasiado tardío. Es casi una parte de nuestra cultura ser humilde y abstenerse a elogiarnos a nosotros mismos y al trabajo de los demás. A menudo escuchamos que el buen desempeño es "por lo que les pagan". Sin embargo, para los líderes de Mejora Continua, dar por sentado un buen desempeño y esperar para celebrar los pasos positivos en su esfuerzo de cambio es un gran descuido.

Reconozca que la implementación y la sostenibilidad de los esfuerzos de mejora no se definirán por un jonrón ocasional, sino por una sucesión de hits. Celebrar estos "éxitos básicos" y el buen desempeño de su colega y los hitos alcanzados fomenta un mayor compromiso y genera confianza en la visión y la estrategia. Encontramos otra forma comprobada de lograr esto a través de un programa formal de recompensa y reconocimiento.

Programas de Reconocimiento Formal

Un *programa de reconocimiento formal* (un programa estructurado con nominaciones, premios y ceremonias públicas) es otro enfoque comprobado que estimula el interés de los empleados. Si bien dicho método puede o no ser nuevo para su organización, es un método probado para reforzar los esfuerzos de cambio de todo tipo.

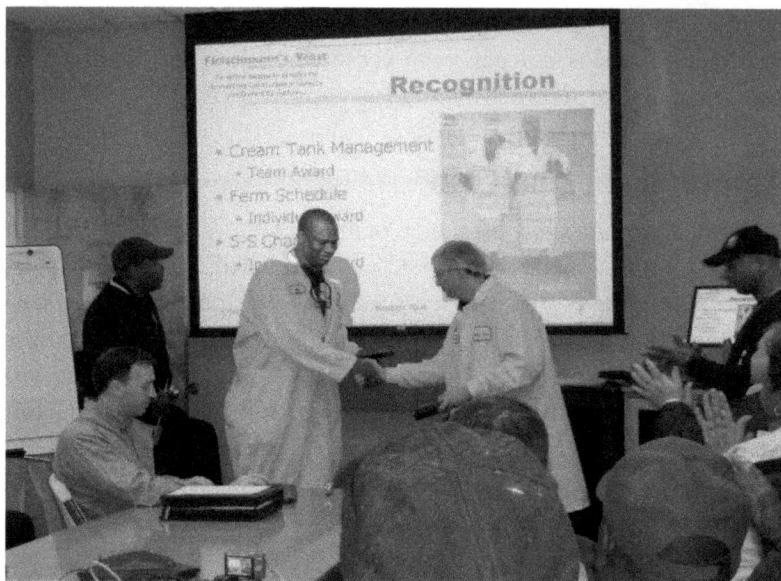

Figura 8: Reconocimiento al trabajo bien hecho

Al resaltar y reconocer acciones, comportamientos y hábitos clave, se quita el sombrero ante aquellos que están influyendo positivamente en otros en la organización. Además de reconocer a las personas, equipos y departamentos completos pueden compartir el centro de atención a medida que se avanza. Un programa de reconocimiento también proporciona un impulso adicional de responsabilidad al reconocer y apoyar una cultura de mejora continua.

Por ejemplo: si una organización se esfuerza por desarrollar una cultura de Trabajo Visual 5S, el sitio puede implementar un proceso de reconocimiento mensual que destaque los comportamientos clave de 5S, como la mejor gestión visual, el mantenimiento de 5S de un área, la puntuación más alta de auditoría de 5S, etc. Los programas refuerzan los comportamientos deseados al tiempo que identifican equipos o personas que pueden necesitar apoyo y entrenamiento adicionales.

Riesgo y Recompensa

Una discusión sobre la "responsabilidad" no estaría terminada sin la consideración de la "toma de riesgos" por parte de los empleados. Hace décadas, la cultura predominante en Ford Motor Company, como muchas otras empresas de esa época, era que si te arriesgabas y fallabas, el ascenso de tu carrera había terminado. No serías despedido, pero tu ascenso en la escala corporativa estaba terminado. La cultura se adaptó a este credo no escrito tanto por parte de los gerentes como de los empleados de primera línea, convirtiéndose en evitadores de riesgos.

Los empleados de Ford aprendieron que si mantenían la cabeza gacha y evitaban los riesgos, podrían esperar un empleo estable, una buena paga y la jubilación algún día. Lo que se sacrificó durante todos estos años fue la innovación y la mejora constante, atributos vitales en la competitiva industria automotriz. Este entorno y cultura, que abarca varias décadas, contribuyó de muchas maneras al declive de Ford.

Los antiguos directores ejecutivos de Ford iniciaron varios intentos de cambio cultural a lo largo de los años, con un éxito limitado. No fue hasta que Ford estuvo al borde de la bancarrota en 2006 y contrató a Alan Mulally como director ejecutivo, que esta cultura se puso patas arriba para siempre. Mulally llegó a Ford desde The Boeing Company, donde fue director ejecutivo y presidente de Boeing Commercial Airplanes. Como fabricante de aviones, Boeing era, de hecho, una industria totalmente diferente con una cultura totalmente diferente.

Meses después de que Mulally tomara las riendas de Ford, se vio obligado a hipotecar toda la empresa, incluidas las fábricas, los equipos, la propiedad intelectual e incluso el famoso logotipo Ford Blue Oval. La línea de crédito de 23.600 millones de dólares que obtuvo permitió a Ford financiar el desarrollo de nuevos productos y evitar la bancarrota. Posteriormente, se negoció un acuerdo laboral concesional con el Sindicato de Trabajadores de la Industria Automotriz (UAW) con el fin de reducir los costos de producción y cómo se financiaba el programa de salud del sindicato. El UAW apoyó la reestructuración de Ford y fue un socio necesario en el esfuerzo. Mulally y otros ejecutivos de Ford también aceptaron recortes salariales simbólicos para comunicar las dificultades que enfrentaba la empresa.

Como CEO, Mulally exigió nuevos niveles de apertura y responsabilidad; los fracasos ya no estaban ocultos ni ponían fin a la carrera. Los líderes de la división superior de Ford ahora recibieron apoyo cuando asumieron riesgos. Esta nueva cultura, combinada con una estrategia comercial y una línea de productos rehabilitadas, fue fundamental para resucitar a Ford. Este nuevo nivel de responsabilidad, sin temor a castigos ni represalias, fue un punto de inflexión significativo en la recuperación de Ford Motor Company y continuó su transformación como uno de los principales fabricantes de automóviles del mundo.[46]

---

[46] Bill Vlasic. "Choosing Its Own Path, Ford Stayed Independent." *New York Times*. April, 2009.
https://www.nytimes.com/2009/04/09/business/09ford.html

Fracasos e Innovación

Ford no está solo en cambiar su postura sobre cómo ven la responsabilidad, la toma de riesgos y los fracasos. Hay muchos ejemplos de empresas hoy en día que reconocen y realmente celebran los esfuerzos fallidos, la experimentación que salió mal y las ideas que simplemente no funcionaron. El mensaje para la fuerza laboral es que es seguro probar cosas nuevas, pensar de manera innovadora e intentar resolver problemas difíciles. La creación de un entorno seguro que reconozca e incluso recompense los intentos fallidos de innovación, construya y apoye una cultura intencional de creatividad. Empresas como Google, 3M, Menlo Innovations WL Gore (Gore-Tex), Amazon e Intuit son conocidos por liderar en este sentido.

Así como la rendición de cuentas es esencial, también lo es el reconocimiento honesto de que el progreso a menudo se produce con tropiezos. Habrá contratiempos, se cometerán errores, los experimentos fallarán y, sin embargo, algunos días se logrará un buen progreso.

Cómo el reconocimiento y la celebración de los éxitos pueden acelerar el ritmo del cambio

La introducción de nuevos comportamientos y rutinas puede ser difícil de iniciar y tomará tiempo para convertirse en el nuevo estándar. Al proporcionar a los colegas un conjunto claro de expectativas y procedimientos, se eliminan las áreas grises, se aclaran los objetivos comunes, se estandarizan las mejores prácticas y, en conjunto, se demuestra y refuerza el compromiso con la mejora continua. Sin embargo, todos sabemos que los viejos hábitos tardan en morir.

Dado este desafío continuo, le alentamos a que haga del reconocimiento personal y la celebración de los éxitos organizacionales parte de su pensamiento diario. La siguiente lista identifica varios de los beneficios obvios. Además, a medida que sus colegas den un paso al frente, necesitan saber que su compromiso con la organización y su voluntad de cambiar son realmente apreciados. Su objetivo debe ser:

1. **Validar nuevos comportamientos**: Desarrollar y reforzar comportamientos que estén alineados con la estrategia de mejora es un resultado crítico. Estos cambios en la forma en que trabajamos pueden ocurrir lentamente, pero los líderes deben reconocerlos y aplaudirlos. Aunque sutiles, estos nuevos comportamientos y hábitos establecerán nuevas normas que son la base de una cultura sostenible de mejora continua.

2. **Demostrar progreso**: Alcanzar hitos y celebrar pequeñas victorias incrementales acelera el ritmo del cambio. Incluso los primeros partidarios están buscando evidencia de que las mejoras se están afianzando y que las ganancias son cuantificables. Compartir el progreso es vital para atraer a los detractores.

3. **Crear impulso**: a medida que se reconocen y celebran nuevos comportamientos y acciones, comienza a generarse impulso. La participación de los empleados en esta nueva iniciativa ya no es la excepción, sino que se está convirtiendo en la regla. Para la "Mayoría tardía", citada en la cuadrícula "Difusión de innovaciones" en la página 27, esta evidencia adicional ayuda a incorporarlos.

4. **Construir solidaridad**: Celebrar los éxitos tanto de los gerentes como de los colegas de base refuerza el principio de que estamos juntos en este esfuerzo. Para aquellos que esperan con cautela evidencia adicional que confirme el apoyo de otros en la organización, ahora tienen esa prueba.

Figura 9: El líder del equipo recibe el trofeo de mejora.

5. **Reforzar la visión**: a medida que se celebra el reconocimiento de los hitos alcanzados y el buen desempeño, se confirma al liderazgo y a las partes interesadas clave de su organización que la estrategia se

está afianzando. Los colegas que pueden estar "en la cerca" se inclinan más a prestar su apoyo visiblemente al esfuerzo, ya que ya no se siente tan "arriesgado".

Haga el Reconocimiento y la Celebración de los Éxitos Parte de su Rutina Diaria:

Además de un programa de reconocimiento formal, las afirmaciones diarias marcan una gran diferencia.

▶ Diga "gracias". Elogie el buen trabajo de sus compañeros. Hágales saber que reconoce y aprecia sus esfuerzos.

▶ Ofrezca su agradecimiento regularmente. No espere el momento perfecto o la audiencia adecuada para reconocer un buen trabajo. ¡Haga de los elogios "bien ganados" un hábito!

▶ Escriba una nota. No es un correo electrónico, sino una nota de agradecimiento escrita a mano. Corto y dulce.

▶ Comunique los éxitos de manera amplia. Comparta los logros de su colega con ejecutivos y colegas de rango y archivo. Incluya un buen trabajo en su boletín informativo y reuniones públicas de toda la empresa, etc.

▶ Vincule el reconocimiento y los éxitos con la Visión por la que todos están trabajando.

Algunos "Si" y "No" en las formas de celebrar los éxitos y brindar reconocimiento.

SI	NO
Sea oportuno: no espere demasiado tiempo.	▪ De reconocimiento inoportuno.
Sea específico: Dé ejemplos con detalles.	▪ Hacer generalizaciones sin contexto ni detalles.
Sea sincero:	▪ Hacer elogios deshonestos o falsos.
Muestre aprecio: Agradézcales. Explique cómo ayuda al esfuerzo.	▪ Incluir a todos: ¡el reconocimiento es especial!
Enlace a la visión: conecte cómo sus acciones contribuyen a lograr la	▪ Crítica.
Anime a los colegas: brinde comentarios y comparta los logros.	▪ Premiar acciones no relacionadas con la Visión.
Proporcione un reconocimiento honesto: tan a menudo como sea	▪ Reconocer públicamente algo que el destinatario no aprecia.

Reconocimiento no monetario:

▶ Dedique una columna destacada en su boletín informativo a Mejora Continua.

▶ Pídale a un alto ejecutivo que escriba una nota escrita a mano para un miembro destacado o un equipo.

Figura 10: Privilegios de estacionamiento para el principal innovador de este mes.

▶ Crear un "Muro de la fama" que reconozca los logros significativos.

▶ Estacionamiento preferencial.

▶ Rotar mensualmente un "trofeo" para el equipo o departamento sobresaliente que mejor demuestre la implementación del esfuerzo de mejora.

▶ Colección de fotografías que muestran los avances de la iniciativa de Mejora Continua.

▶ Fotos de antes y después que muestran el progreso.

▶ Elija u uno de los primeros en adoptar el cambio para representar a su departamento en la presentación del progreso al Liderazgo Ejecutivo.

▶ Un reconocimiento al Gerente que tenga el mejor ejemplo de una implementación exitosa.

▶ Hacer una actualización sobre la iniciativa de Mejora Continua como parte regular de las reuniones de liderazgo / incluir la participación de colegas merecedores de aportes y reconocimiento.

▶ Permita que los colegas visiten el área de trabajo donde se llevan a cabo las mejores prácticas.

▶ Invite a un cliente satisfecho que se esté beneficiando de sus esfuerzos de mejora para que lo visite y se reúna con colegas.

Reconocimiento monetario:

▶ Bonos discrecionales.

▶ Participación en los beneficios.

▶ Pago de incentivos.

▶ Reparto de ganancias.

▶ Tiempo libre pagado.

▶ Vacaciones adicionales.

▶ Tarjetas de recompensa.

▶ Tarjetas de gasolina.

▶ Certificados de cine/cena.

▶ Entradas deportivas.

* Consejo: antes de iniciar un programa de premios monetarios, se deben considerar cuidadosamente las implicaciones que puedan tener más allá del área en cuestión.

Busque oportunidades para reconocer y celebrar.

RENDICIÓN DE CUENTAS APRENDIZAJES

▶ **Se requiere rendición de cuentas**. Si falta la rendición de cuentas, depende de usted corregir el problema: debe enfrentar las expectativas no cumplidas, no puede dejarlo pasar. La rendición de cuentas es esencial para reforzar nuevos hábitos y comportamientos.

▶ **No huyas de los errores y fracasos**. Sin duda habrá contratiempos y pasos en falso. Asumir la responsabilidad le permite avanzar rápidamente y demuestra su coraje, adaptabilidad y competencia como líder. Reconocer los reveses les indica a sus colegas que este es un entorno seguro y los alienta a tomar riesgos.

▶ **Brindar reconocimiento**: celebrar los éxitos. Aprovechar el momento. Habrá decenas de ocasiones para reconocer el buen trabajo y el progreso realizado por sus colegas, si los está buscando.

La hoja de planificación SMART está disponible para descargar en www.thefivekeys.org

CASO DE ESTUDIO: LAS DOS SITIOS HERMANOS RESOLVIENDO EL ROMPECABEZAS

Rendición de cuentas: una obligación o voluntad de aceptar la responsabilidad o de rendir cuentas por las propias acciones.

La rendición de cuentas junto con el cambio de comportamiento es fundamental para forjar una nueva cultura. Al vincular la rendición de cuentas con nuevos comportamientos, la organización tiene la oportunidad de sostenerse y crecer en una nueva dirección.

El precedente de responsabilidad en el Sitio 1 se estableció al principio del viaje de Mejora Continua. Desde el principio, los siete líderes senior asistieron a cada sesión de entrenamiento con cada equipo departamental. Este nivel de participación y compromiso con su proceso de Mejora Continua demostró un nivel de responsabilidad que repercutiría en toda la organización. El mensaje fue claro, la mejora continua es parte de nuestro trabajo.

Se decidió en la Planta 1 que fusionarían aspectos de su cultura existente con nuevos comportamientos. Las nuevas herramientas y funciones de Mejora Continua se integrarían con los sistemas comerciales existentes. Por ejemplo, al equipo de mantenimiento se le asignaban órdenes de trabajo diariamente para abordar principalmente las averías y realizar reparaciones. Con el tiempo, el sistema creció para incluir un mayor porcentaje de tareas de mantenimiento preventivo y predictivo, tareas 5S, implementación de mejoras y realización de sesiones de resolución de problemas. Se implementaron sistemas comerciales similares para Operaciones, Administración, Logística, Laboratorio, etc.

Los empleados estaban acostumbrados a confiar en estos sistemas para guiar su trabajo diario. Las reuniones de equipo, los deberes 5S, las tareas de mantenimiento autónomo, las inspecciones de calidad adicionales y otras asignaciones de mejora podrían incluirse en los deberes diarios de los colegas. Esta perfecta integración con los procesos comerciales establecidos generó la comprensión de que la mejora continua era parte del negocio diario, las tareas diarias y tan responsable e importante como cualquier otro aspecto de su día.

Agregando mayor importancia y responsabilidad al seguimiento de estas nuevas asignaciones, los gerentes realizaron "recorridos" y observaciones diarias. Al hacerlo, los gerentes reforzaron la responsabilidad y reforzaron los comportamientos colectivos diarios de Mejora Continua en toda la planta. El Gerente de Planta del Sitio 1 enfatizaba continuamente: "si no cumple con las tareas pequeñas y la disciplina diaria, ¿cómo esperaría que mi equipo profundice en las cosas difíciles?"

El sitio 1 muestra aún más su compromiso con la responsabilidad a través de la gestión visual de proyectos de mejora a largo plazo. Los planes se desarrollan con funciones, acciones y plazos y se publican de manera destacada en la pizarra. Todos los miércoles, en la reunión de gerentes, se realiza una revisión del progreso y se actualiza la junta. Este régimen ha inculcado un nuevo hábito y proporciona un entorno seguro para ofrecer apoyo y garantizar que los proyectos se mantengan dentro del cronograma.

Finalmente, se agrega un nivel adicional de responsabilidad y apoyo durante cada una de mis visitas trimestrales. Mi visita generalmente comienza con una reunión con todos los gerentes y miembros clave del Comité Directivo de Mejora Continua. En este momento, revisamos los elementos de acción abiertos y el progreso desde mi última visita. Las nuevas acciones se capturan visualmente, se respaldan y se elaboran planes de acción.

Por el contrario, el Sitio 2 desarrolló un método único para mantener en secreto la gestión visual y, por lo tanto, evitar la responsabilidad. Desde el principio, cada equipo se reunía casi todos los días para revisar el desempeño y resolver problemas. La gestión visual solo estaba disponible para la reunión y luego se escondía debajo de una escalera o en un pasillo en desuso. El razonamiento dado fue que no había suficiente espacio en la pared o áreas para acomodar la gestión visual durante la jornada laboral. Llevó tiempo convencer al sitio de que mostrar abiertamente la gestión visual respalda nuevos comportamientos y genera responsabilidad, no solo para los equipos de primera línea, sino también para la gerencia.

Esta resistencia a la gestión visual contribuyó a la falta de rendición de cuentas que se mostró de muchas maneras. Los proyectos a largo plazo tardaron en tomar forma. Los problemas diarios se olvidaron a medida que surgían otros nuevos. Los procedimientos operativos estándar (SOP) eran inconsistentes y variados en todo el sitio. Las listas de verificación diarias y las obligaciones de limpieza variaban de un turno a otro. Y desafortunadamente, los problemas de seguridad se llevaron lo mejor de ellos debido a la falta de responsabilidad; la necesidad de seguir procedimientos, verificaciones secundarias y capacitación estándar. Esta era la cultura: una falta de responsabilidad. El cambio necesario en la cultura y el sostenimiento de nuevos comportamientos dependía de que el Liderazgo aceptara la rendición de cuentas, la moldeara en una métrica, las expectativas en cascada, la gestión visual y el caminar por el camino.

INVESTIGACIÓN

CONOCIMIENTO

RENTABILIDAD

RECURSOS
RETORNO DE LA INVERSIÓN

IINVERSIÓN

ÉXITO

VENTAS

PROGRESO

Recursos Empresariales: factores humanos, financieros, materiales y de conocimiento a los que puede recurrir una persona u organización para funcionar con eficacia. Cualquier cosa y todo lo que ayuda a una empresa a operar.

Retorno de la Inversión: la cantidad de retorno de una inversión en particular, en relación con el costo de la inversión.

"El hecho de que al propósito y la misión de la organización rara vez se les considera adecuadamente, es quizás la causa más importante de la frustración y el fracaso organizacional".

- Peter Drucker

Recursos y ROI (retorno de la inversión)

Un desafío importante para crear una cultura de mejora continua sostenible es asegurar los recursos y el compromiso adecuados, *especialmente a largo plazo*. Cada organización debe justificar continuamente sus iniciativas de mejora y la justificación generalmente se mide como Retorno de la inversión (ROI), en otras palabras, dinero.

El retorno de la inversión de las iniciativas de mejora abarca mucho más que solo beneficios financieros duros. Este capítulo pretende brindarle medidas adicionales, además de las financieras, que demostrarán a sus colegas y especialmente al liderazgo ejecutivo que su compromiso continuo con la mejora continua vale la pena el costo y el esfuerzo.

Como campeón de Mejora Continua, está compitiendo con otras iniciativas por el compromiso y los recursos de su organización. Ya sea que se mida en dinero, tiempo o talento, defender el apoyo adecuado y continuo a menudo recaerá en usted. Su voz es fundamental para generar la comprensión de que los beneficios de Mejora Continua se extienden mucho más allá de las ganancias de cada trimestre y representan el futuro a largo plazo de la organización.

Para ayudarlo a obtener los recursos necesarios, cubrimos en este capítulo:

▶ Mitos y esfuerzos de Mejora Continua.

▶ Superando Obstáculos.

▶ Medidas y Creación de Valor.

▶ El "Cuadro de Mando Integral".

▶ Creación de un cuadro de mando integral para la mejora continua.

► Desafíos en primera línea.

► Recursos clave.

Lidiando con los Hechos

Durante casi cuatro décadas, ha existido la percepción de que los esfuerzos de Mejora Continua no logran los resultados prometidos. A menudo se cita un estudio de 1979 para sugerir que el 70% de los esfuerzos de cambio fracasan. Esta fábula mal citada y retorcida forma un telón de fondo para un mayor escrutinio de los gastos de mejora y las demandas de un retorno de la inversión correspondiente. El siguiente artículo explica cómo se originó este folclore y qué ha ocurrido desde entonces:

> "El insidioso mito de que las iniciativas de cambio suelen fracasar está muy extendido. Muchos expertos, por ejemplo, afirman que el 70% de los esfuerzos de cambio fallan, pero un estudio de 2011 en el Journal of Change Management, dirigido por el investigador de la Universidad de Brighton, Mark Hughes, encontró que no hay evidencia empírica que respalde esta estadística. De hecho, no hay ninguna evidencia creíble que respalde la noción de que incluso la mitad de los esfuerzos de cambio organizacional fracasan.

> Hughes rastrea la mítica tasa de fracaso del 70% hasta el libro de 1993 Reengineering the Corporation, en el que los autores Michael Hammer y James Champy declararon: "nuestra estimación no científica es que entre el 50 y el 70 por ciento de las organizaciones que emprenden un esfuerzo de reingeniería no logran los resultados dramáticos que pretendían".[47]

---

[47] Nick Tasler, "Stop Using the Excuse 'Organizational Change is Hard,'", *Harvard Business Review* (July 19, 2017).

A partir de ese momento, la "estimación no científica" de Hammer y Champy tomó vida propia. Un artículo de 1994 en la revista de revisión por pares Information Systems Management presenta la estimación de Hammer y Champy como un hecho y cambia "50 por ciento a 70 por ciento" a solo "70 por ciento".

En el libro de Hammer de 1995, The Reengineering Revolution, él intenta dejar las cosas claras:

"En Reingeniería de la Corporación, estimamos que entre el 50 y el 70 por ciento de los esfuerzos de reingeniería no tuvieron éxito en lograr el desempeño innovador deseado. Desafortunadamente, esta simple observación descriptiva ha sido ampliamente tergiversada, transfigurada y distorsionada en una declaración normativa... No hay una tasa de éxito o fracaso inherente para procesos de reingeniería." [48]

A pesar de la aclaración de Michael Hammer, la estadística del 70 por ciento se sigue citando como un hecho, incluso en artículos y libros de Harvard Business Review.

Por supuesto, existe cierta ambigüedad en torno al éxito de las iniciativas de cambio. Por ejemplo, cuando los consultores de McKinsey encuestaron a 1546 ejecutivos en 2009, el 38% de los encuestados dijo que "la transformación fue total o mayormente exitosa en la mejora del rendimiento, en comparación con el 30% igualmente satisfecho de que mejoró la salud de su organización".[49]

---

[48] James A. Chanpy and Michael M. Hammer. *Reengineering the Corporation*. (New York: Harper-Collins. 1993)

[49] Jack Martin Leith. "70% of Organizational Change Initiatives Fail" Fact or Fiction? 2019. http://jackmartinleith.com/70-percent-change-failure-rate/

Según las cifras del estudio de McKinsey, sería tentador concluir que, dado que solo entre el 30 y el 38 por ciento de las iniciativas de cambio son "totalmente/en su mayoría exitosas", el 62-70 por ciento deben ser fracasos. Sin embargo, los autores de McKinsey agregaron que "alrededor de un tercio [de los ejecutivos] declara que sus organizaciones fueron 'algo' exitosas en ambos aspectos".

En otras palabras, un tercio de los ejecutivos creía que sus iniciativas de cambio eran un éxito total y otro tercio creía que sus iniciativas de cambio tenían más éxito que fracaso. Pero solo "alrededor de uno de cada diez admite haber estado involucrado en una transformación que fue 'completamente' o 'en su mayoría' infructuosa".

Por lo tanto, señalar el estudio de McKinsey como evidencia de "una tasa de fracaso del 70 por ciento es como decir que cada vez que un jugador de béisbol se acerca al plato y no conecta un jonrón, ese jugador ha fallado. Pero eso no es cierto en el béisbol más de lo que es cierto en las organizaciones". Los resultados de McKinsey muestran que alrededor del 60% de las iniciativas de cambio están en algún lugar entre un hit de base y un jonrón, y solo 1 de cada 10 son strikeouts completos.[50]

Obstáculos a superar

Además del mito negativo descrito anteriormente, están los fantasmas de los intentos de mejora pasados en las organizaciones, hayan tenido éxito o no. El canto del "sabor del mes" aparecerá cada vez que los empleados se enteren de una nueva iniciativa de cambio. Este etiquetado ofrece convenientemente una cobertura para que los colegas trivialicen el esfuerzo y les brinda una justificación para negar su apoyo, *incluidos los recursos.*

---

[50] Nick Tasler. "Stop Using the Excuse 'Organiational Change is Hard'." July, 2017. https://hbr.org/2017/07/stop-using-the-excuse-organizational-change-is-hard

Agregue a la mezcla las consecuencias reales de los esfuerzos de mejora anteriores, ahora descuidados o abandonados. Si bien los desembolsos monetarios reales (para salarios, consultores, materiales, software, viajes, etc.) pueden haber sido considerables, estos costos pueden palidecer en comparación con el impacto negativo a largo plazo de los esfuerzos incompletos anteriores en los empleados. Los factores intangibles como la pérdida de confianza en el liderazgo, el aumento del cinismo, la resistencia a futuros esfuerzos de cambio y el impacto personal negativo pueden ser más desalentadores que las pérdidas financieras.

Ya sea que el historial de esfuerzos de mejora en su organización sea negativo o positivo, la mejora continua sigue siendo un imperativo. Acepte que es probable que haya algo de resistencia y escepticismo tanto en los rangos de liderazgo como entre los colegas de primera línea de base: es un hecho de la vida. De todos modos, en su papel como líder de Mejora Continua, se debe trazar un camino a seguir y presentarlo de tal manera que atraiga tanto a los defensores del cambio como a los detractores de la causa, ¡y usted puede hacerlo!

Mensaje a los principales líderes de la organización: Deje en claro su compromiso con la iniciativa de mejora y asegúrese de que su compromiso con los recursos adecuados se comunique enérgicamente a los gerentes y empleados de primera línea. Saber que los respalda, tanto en el compromiso con el esfuerzo como en el suministro de los recursos que requerirá, son elementos críticos en el éxito de sus esfuerzos.

Identificar medidas más amplias

Michael J. Mauboussin en Harvard Business Review[51] confirma la importancia de utilizar métricas más amplias para evaluar.

> "Las métricas que las empresas utilizan con mayor frecuencia para medir, administrar y comunicar los resultados, a menudo llamados indicadores clave de desempeño, incluyen medidas financieras como el crecimiento de las ventas y el crecimiento de las ganancias por acción (EPS), además de medidas no financieras como la lealtad y la calidad del producto". Continúa diciendo: …
> "estos tienen solo una conexión vaga con el objetivo de crear valor. La mayoría de los ejecutivos continúan apoyándose en gran medida en estadísticas mal elegidas, el equivalente a usar promedios de bateo para predecir carreras".

La relevancia de las medidas puramente financieras es obviamente limitada, pero su importancia está distorsionada porque los ejecutivos y la mayoría de los gerentes se miden por el cumplimiento de los objetivos financieros. Sin duda, las ganancias son necesarias para la supervivencia en una organización con fines de lucro. Dicho esto, una empresa exitosa y vibrante es más que su resultado final y es necesario identificar esas otras medidas de su progreso y valor.

---

[51] Michael J. Mauboussin. "The True Measures of Success." *Harvard Business Review.* October, 2012. https://hbr.org/2012/10/the-true-measures-of-success

Creando valor

Lanzar una iniciativa de mejora continua brinda la oportunidad de introducir varias acciones importantes y medidas relacionadas que aportan valor y salud y crecimiento a largo plazo a la organización. Estos pueden incluir:

▶ implementó mejoras en los procesos.

▶ resolución exitosa de problemas.

▶ mayor compromiso de los empleados.

▶ mejora del servicio y satisfacción del cliente.

▶ número de empleados formados.

▶ nivel de satisfacción de los empleados.

▶ retención de empleados.

▶ otros.

El verdadero beneficio estratégico radica en crear una cultura sustentable que desarrolle nuevas capacidades entre sus colegas para identificar e implementar mejoras en los procesos, resolver problemas y brindar mejores bienes y servicios a sus clientes. Mejora Continua es el vehículo que impulsará las mejoras en todos los aspectos de todo el negocio y, como tal, no puede ni debe evaluarse por los beneficios financieros únicamente.

Es difícil ver el bosque por los árboles – Justificación de una iniciativa de Mejora Continua

Hace varios años, la oficina corporativa nos presentó su organización. Comenzamos a explorar el trabajo con el gran taller mecánico que proporciona piezas para la industria aeroespacial de alta tecnología. Cuando comenzaron las discusiones, el sitio tenía numerosas preguntas con respecto a la introducción de un programa de Mejora Continua; las inquietudes abarcaban toda la gama:

- **Agregar reuniones de equipo en la línea de frente:** "los operadores deben estar operando cuando están en horario; ¡No necesitamos más reuniones!"

- **Costo de lanzar un programa formal de Mejora Continua:** "¿cómo justificamos estos costos; ¿Cuál es la recompensa?

- **Traer consultores:** "tenemos un departamento interno de Mejora Continua que ya pagamos, no necesitamos ninguna ayuda".

Después de un tiempo, pudimos ganarnos la confianza dentro de la organización y los ayudamos a evaluar el enorme costo de mantener el inventario, las sanciones financieras asociadas con los proyectos atrasados y los pagos de horas extra necesarios para corregir errores y acelerar los pedidos al final de cada mes. Haciendo algunos cálculos rápidos, se hizo evidente que la empresa gastaba mucho más en mantener sus ineficiencias actuales de lo que costaría introducir un programa de Mejora Continua. Fue en este punto que el proyecto avanzó con cautela.

Trabajamos con el equipo de Mejora Continua y sugerimos ciertos cambios en el proceso y la introducción de un sistema de trabajo en equipo. En poco tiempo, la organización se convenció de que estos esfuerzos de mejora eran el mejor camino a seguir y un camino prudente para salir del estado actual de alto inventario, incumplimiento de plazos, aumento de reelaboración y desecho, y pedidos acelerados.

En seis meses, se estaban realizando importantes mejoras en todo el sitio. ¡Las reuniones de equipo diarias de 10 minutos valieron la pena! Los operadores de máquinas habían medido e identificado formas de reducir la cantidad de materiales de desecho producidos en una pequeña área de la planta. Estaban asombrados por el costo recurrente mensual de $40,000 solo en material de desecho. Esta pérdida de producto también condujo a un efecto dominó de alto inventario, reelaboración, entregas tardías, tarifas de envío más altas, plazos de entrega más largos y horas extra adicionales. El equipo había encontrado una manera de corregir errores en su operación y luego capacitar y comunicar estos pasos de acción preventiva al resto del sitio. A partir de ese día, las operaciones redujeron su chatarra a menos de $100/mes.

Los ahorros de costos perpetuos de $ 40,000 / mes han pagado la inversión inicial de Mejora Continua más de 1,000 veces en el momento de escribir este artículo. De hecho, los ahorros generales de un mes cubrieron con creces la inversión inicial por la que el sitio estaba tan preocupado y detuvieron el efecto dominó de costos ocultos exponenciales para la empresa.

Además, esta cultura dinámica de resolución de problemas continúa respondiendo a los desafíos diarios mientras brinda un entorno de alto compromiso y satisfacción de los empleados.

El 'Cuadro de Mando Integral (Balance Scorecard)'

A lo largo de los años, hemos descubierto que el enfoque de "Cuadro de Mando Integral", creado por Robert Kaplan y David Norton de la Escuela de Negocios de Harvard en la década de 1990[52], *es especialmente adecuado para respaldar y guiar las iniciativas de mejora continua.* El trabajo de Kaplan y Norton fue impulsado por la tendencia popular de las empresas de centrarse, casi por completo, en medidas financieras. Este "indicador rezagado"(lagging KPI) se convirtió en una mala guía para preparar negocios para el futuro, ya que estas medidas financieras solo reflejaban lo que había ocurrido en el pasado: cómo se desempeñó el mes pasado, el trimestre pasado, el año pasado. Lo que faltaba eran medidas o indicadores "impulsores"(leading KPIs) que influyeran cómo le iría probablemente a una organización en el futuro. Estas medidas ahora se consideraban información vital para los ejecutivos a fin de permitir que sus organizaciones se prepararan estratégicamente para su futuro.

A través de su trabajo, Kaplan y Norton crearon un sistema de gestión, que aún domina en la planificación empresarial actual, denominado "Cuadro de Mando Integral". Su creación amplió el enfoque de la administración de las ganancias anuales a corto plazo para incluir la identificación, el desarrollo y la implementación de estrategias, objetivos y medidas para garantizar el éxito a largo plazo. Introdujeron cuatro aspectos empresariales diferentes para formar un enfoque integral de planificación y medición. Estas diferentes perspectivas, a través de las cuales se ve el negocio y se mide el éxito, son: Financiero, Cliente, Procesos Internos y Aprendizaje y Crecimiento.

---

[52] David P. Norton & Robert S. Kaplan. *The Balanced Scorecard.* (Cambridge: Harvard Business Press. 1996.)

Cuadro de Mando Integral

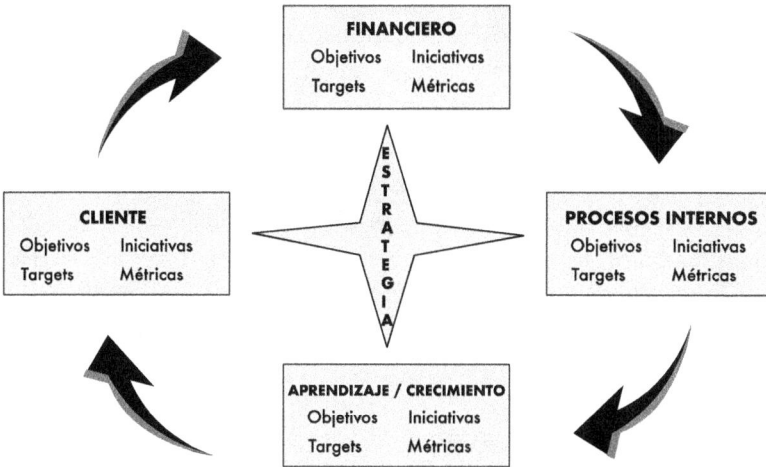

Perspectiva Financiera: El bienestar financiero de su organización es el "resultado final". ¿La estrategia promovida por su equipo ejecutivo está entregando los resultados financieros esperados? ¿Están satisfechos los accionistas? Las medidas suelen incluir: ganancias antes de intereses e impuestos (EBIT), flujo de caja neto, margen de beneficio bruto, ratio de liquidez, valor económico añadido (EVA).

Perspectiva Procesos Internos: La perspectiva de procesos internos evalúa qué tan bien está funcionando su negocio. La calidad, el desempeño, productividad y la rentabilidad son el enfoque. Los esfuerzos de mejora son continuos y se supervisan de cerca.

Perspectiva de Aprendizaje y Crecimiento: la perspectiva de aprendizaje y crecimiento analiza la cultura general de la organización. ¿Conocen las personas la estrategia, las metas y los objetivos establecidos por el equipo de liderazgo? ¿Los empleados colaboran y comparten conocimientos? ¿Se mantienen por delante de su competencia? ¿Cuáles son las últimas tendencias de la industria? ¿Se ofrece capacitación, las personas están aprendiendo nuevas habilidades y competencias? ¿Hay educación continua y oportunidades de promoción disponibles? ¿La tecnología en su organización está actualizada? ¿Están sus colegas equipados y capacitados? A menudo, las medidas incluyen la satisfacción, la retención y la capacitación de los empleados.

Perspectiva del Cliente: la perspectiva del cliente se centra en el nivel de satisfacción de las personas que compran sus productos y servicios. ¿Están satisfechos sus clientes? ¿Su base de clientes está creciendo o se está reduciendo? ¿Cuáles son las nuevas demandas de sus clientes o clientes potenciales? Las medidas del cliente incluyen la satisfacción del cliente, la retención y la cuota de mercado.

Estas cuatro perspectivas no son simplemente medidas independientes, sino que están conectadas para determinar las perspectivas futuras y la salud financiera de una organización. Por ejemplo: las inversiones en aprendizaje y crecimiento conducen a una mayor participación de los empleados, lo que contribuye a la resolución de problemas y la mejora de procesos, lo que conduce a una mayor satisfacción y crecimiento del cliente y, en última instancia, genera un mayor rendimiento financiero.

Al desarrollar un cuadro de mando integral, cada perspectiva debe incluir objetivos, medidas, metas e iniciativas. La siguiente tabla muestra cómo se pueden organizar estas perspectivas.

	Objetivos	Métricas	Targets	Iniciativas
Financiero				
Procesos Internos				
Aprendizaje y Crecimiento				
Cliente				

Objetivos: dirección principal como "mejorar la eficiencia de fabricación".

Medidas: una unidad estándar utilizada para expresar el tamaño, la cantidad o el grado.

Metas o Targets: resultados específicos deseados que respaldan el logro de los objetivos.

Iniciativas: proyectos o programas emprendidos, en el corto plazo, para alcanzar metas y lograr objetivos específicos.

Cómo un Cuadro de Mando Integral puede respaldar y proteger sus esfuerzos de Mejora Continua.

En general, la mejora continua se considera como una estrategia independiente y de enfoque único. Cuando se ve desde esta perspectiva, el valor de la Mejora Continua se restringe solo a mejorar los procesos internos (planificación, producción y servicio) y limita el campo en el que los líderes de la Mejora Continua pueden demostrar su valía.

Si bien el Cuadro de Mando Integral se desarrolló originalmente como un sistema de medición del desempeño, la perspectiva ampliada de Mejora Continua permite:

▶ **Estrategia de aclaración y comunicación:** Articular acciones específicas y los beneficios de la mejora continua en una gama más amplia de perspectivas de procesos, cambia el énfasis de las mejoras de procesos a corto plazo al éxito a largo plazo de toda la empresa.

▶ **Planificación, establecimiento de metas e iniciativas:** se determinan y persiguen metas de mejora desafiantes y realistas *para cada una de las cuatro perspectivas* y las iniciativas correspondientes.

▶ **Retroalimentación, aprendizaje y ajustes:** la retroalimentación precisa sobre las iniciativas y los resultados brindan a la organización un aprendizaje valioso y la oportunidad de celebrar, modificar, cambiar, descartar o reemplazar una iniciativa, con base en datos y experiencias reales.

Creación de su Cuadro de Mando Integral

Ya sea que haya comenzado su esfuerzo de Mejora Continua o esté considerando lanzar una iniciativa, lograr un acuerdo entre el liderazgo ejecutivo y sus colegas sobre los resultados deseados y los criterios de éxito respaldará su esfuerzo en el futuro. Crear y adoptar un "cuadro de mando integral" lo liberará del enfoque en los resultados financieros cíclicos a corto plazo. Por diseño, el cuadro de mando integral proporciona una evaluación integral a largo plazo de los beneficios de sus esfuerzos de mejora.

El objetivo de toda iniciativa de Mejora Continua es contribuir al logro de la estrategia de las organizaciones. A medida que desarrolla su cuadro de mando, le ofrecemos los siguientes consejos: **Siempre vincule las Metas y Medidas de Mejora Continua a la Estrategia Corporativa.**

Por ejemplo: Al completar su planificación estratégica, el equipo de liderazgo ejecutivo ficticio de Brownfield Cosmetic Company creó esta visión para su futuro: *"Ser el sitio de fabricación más competitivo y confiable del Grupo Brownfield"*. El liderazgo ejecutivo identificó cuatro objetivos estratégicos que fueron fundamentales para lograr esta visión:

▶ Aumentar la productividad a través del trabajo en equipo y la responsabilidad personal.

▶ Reducir el retrabajo y los defectos.

▶ Ampliar la lealtad del cliente.

▶ Revitalizar nuestra cartera de productos.

Con estas cuatro estrategias identificadas, cada esfuerzo de Mejora Continua debe contribuir a por lo menos uno de estos objetivos estratégicos. Sin una conexión clara con estos imperativos corporativos de alto nivel, su esfuerzo de Mejora Continua será visto como uno más de muchos programas interesantes, pero de baja prioridad. Al competir por los recursos, es esencial articular y demostrar el valor; Los conceptos "interesantes" no tendrán éxito.

Utilizando el ejemplo de Brownfield Group, existen numerosas iniciativas de Mejora Continua que contribuyen directamente a los 4 objetivos estratégicos corporativos y claramente son beneficiosas para la viabilidad a corto y largo plazo de la organización.

	Objetivos	Métricas	Targets	Iniciativas
Financiero	Aumentar la productividad a través del trabajo en equipo y la responsabilidad personal.	Número de problemas identificados y resueltos que contribuyeron al cumplimiento del cronograma.	Dos problemas resueltos por semana.	Evaluación semanal de fallas en el cumplimiento del cronograma y acciones correctivas apropiadas.
Procesos Internos	Reducir reprocesos y defectos.	Evaluar los costos financieros de reelaboración y defectos.	Reduzca el costo de reelaboración y defectos en un 50% en 12 meses.	Involucrar al equipo en la identificación de causas y realizar sesiones semanales de resolución de problemas.
Aprendizaje y Crecimiento	Revitalizar nuestra cartera de productos.	Posibilidades de nuevos productos.	Identifique una nueva posibilidad de producto viable cada trimestre.	Recopile y analice datos sobre el uso actual del producto e identifique las tendencias de los clientes.

Cliente	Ampliar la lealtad del cliente.	Tiempo de respuesta a las quejas de los clientes.	Responda a cada queja del cliente en 48 horas o menos.	Evaluar diariamente los productos relacionados con las quejas, identificando e implementando medidas correctivas factibles dentro de los 30 días.

Al centrarnos no solo en una perspectiva (Financiera), sino en las cuatro perspectivas del Balanced Scorecard (Financiera, Procesos Internos, Aprendizaje y Crecimiento y Cliente), desplegamos nuestras habilidades y herramientas para aplicarlas a una variedad de desafíos diferentes y áreas del negocio. Al hacerlo, los líderes de Mejora Continua pueden demostrar valor como un arsenal capaz de mejorar la organización y ayudar a los colegas en todos los aspectos valiosos y vitales del negocio.

Desafíos en la Línea de Frente

Si bien el enfoque del Cuadro de Mando Integral puede desempeñar un papel muy importante en la obtención de compromisos de recursos en los niveles de liderazgo más altos, asegurar los recursos necesarios a diario para mantener sus esfuerzos en la línea de frente presenta diferentes desafíos. Es probable que el tiempo, el talento y el dinero siempre sean un recurso escaso en la línea de frente y asegurar lo que exige su iniciativa de Mejora Continua probablemente requiera un cambio de los negocios como de costumbre.

Figura 11: Los colegas trabajan juntos para identificar mejoras en los procesos.

De entrada, las organizaciones dedicadas a la mejora continua deben reconocer que es necesario distribuir los recursos de manera diferente. *Esta redistribución debe hacerse de manera que mantenga los requisitos actuales de calidad, seguridad, productividad, rentabilidad, etc., al mismo tiempo que apoya nuevos esfuerzos y comportamientos.*

La inversión en Mejora Continua debe ser considerada antes de la implementación. Como líder de Mejora Continua, deberá definir estas necesidades específicas y justificar los gastos. Según el alcance de la iniciativa de mejora, es probable que sus solicitudes se evalúen en función de los ahorros de costos y las mejoras de rendimiento previstos. Al asignar los recursos adecuados al proyecto de Mejora Continua, su organización demuestra su compromiso, lo que asegurará un cambio en los comportamientos colectivos.

Recursos necesarios para apoyar nuevos comportamientos

Como representante de Mejora Continua, será importante estar al tanto de la necesaria redistribución de los recursos limitados que tiene a su disposición. La forma en que negocie la reutilización puede determinar que tan bien crecen y sostienen su programa los nuevos comportamientos. Por ejemplo, puede brindar una capacitación formal sobre el proceso de resolución de problemas a sus colegas. Pero, sin permitir suficiente tiempo y el talento adecuado durante la jornada laboral para abordar los problemas, es poco probable que se utilice ni se convierta en un nuevo hábito y proceso. Los recursos, el tiempo y las personas deben estar disponibles para resolver problemas e implementar correcciones. Sin ellos, cada suceso cobra vida propia cediendo a la presión de pasar a las tareas normales del día a día. Cambiar la cultura de la resolución de problemas ad-hoc a un enfoque estandarizado requiere un cambio en el pensamiento, los comportamientos y los recursos apropiados.

El carro delante del caballo

Un desafío que se encuentra a menudo cuando se lanzan equipos en la línea de frente es la asignación de tiempos designados para que estos grupos se reúnan. El concepto es que todos los días, los colegas en la línea de frente participen en una breve reunión de equipo de 5 a 10 minutos para discutir su plan de trabajo, administrar objetivos, identificar problemas y generar ideas de mejora. La idea de detener la producción, aunque sea por unos minutos, puede parecer contradictoria para los gerentes responsables de las cuotas diarias de producción. Sin embargo, si el tiempo fuera de la producción solo se considera como una "pérdida de productividad", las oportunidades para mejorar la calidad, la rentabilidad, la seguridad e incluso aumentar el rendimiento nunca se beneficiarán de la sabiduría y la experiencia de las personas que realizan el trabajo. ¡Eso es contrario a la intuición!

Aquellas organizaciones que se embarcan en una iniciativa de Mejora Continua pueden luchar con el conflicto de los recursos de mano de obra directa frente a los recursos de proceso de Mejora Continua. La planificación realista y las inversiones iniciales son, en la mayoría de los casos, un requisito previo para un sólido compromiso y lanzamiento.

Recursos clave generalmente requeridos

Tiempo

Todas las iniciativas de Mejora Continua sostenibles requieren una inversión en el tiempo. Independientemente del enfoque de mejora (es decir, proyectos Kaizen, implementación de 5S, mapeo de flujo de valor, resolución de problemas, etc.), para que sea eficaz, la gerencia debe designar tiempo para realizar estas actividades. Es importante establecer un proceso definido y estándar para realizar reuniones, resolver problemas y evaluar ideas de mejora. La estandarización de estas actividades ahorra tiempo a largo plazo, refuerza los comportamientos y refuerza el compromiso y la participación en toda la organización.

Áreas clave de utilización del tiempo para Mejora Continua:

▶ **Reuniones:** las reuniones efectivas impulsan los resultados.

▶ **Mejoras:** proporcionar tiempo al personal para implementar mejoras.

▶ **Recompensa y reconocimiento:** tomarse el tiempo para reconocer a los empleados.

▶ **Resolución de problemas:** incorpore "PS" en el horario de trabajo.

▶ **Kaizen/Proyectos de Mejora, 5S**

Dinero

Toda organización que se comprometa a lanzar y mantener un programa exitoso de Mejora Continua debe estar preparada para realizar las inversiones financieras continuas necesarias para respaldar esta nueva dirección. Además de los costos directos de mano de obra, capacitación y materiales, algunas iniciativas también requieren requisitos financieros asociados.

Cosas para considerar:

Mejoras presentadas por los empleados, independientemente de las herramientas de mejora que elija su organización, espere una avalancha de recomendaciones y posibles soluciones a los problemas experimentados por los colegas que hacen el trabajo a diario. Sus recomendaciones de mejora a menudo proporcionan ahorros que compensan inmediatamente los costos iniciales del programa. Esté preparado para invertir en estas sugerencias: si las nuevas ideas se estancan, el interés de los miembros del equipo disminuirá.

Invierta en expertos: los expertos y consultores elegidos sabiamente pueden aportar experiencia y un conjunto de habilidades para la mejora del proceso de Mejora Continua que puede ahorrarle tiempo y dinero a una organización al evitar obstáculos. Los expertos externos pueden sugerir mejores prácticas en función de su experiencia con otras organizaciones, desarrollar la capacidad interna y proporcionar un análisis externo honesto sobre el progreso de la iniciativa.

Tecnología: la tecnología puede desempeñar un papel importante en sus iniciativas de mejora. Cabe destacar los ejemplos de tecnología que impactan positivamente en las comunicaciones, la productividad, la gestión de inventario, el servicio al cliente, el marketing, los servicios financieros y el aprendizaje. Si se planea la introducción de nueva tecnología, proporcione planes de capacitación por adelantado y mencione qué cambios se esperan y el impacto positivo para la organización y sus miembros. Disipe los temores compartiendo qué asistencia se brindará.

Recompensa y reconocimiento: siempre se recomienda un programa "R&R" sólido para reforzar el buen desempeño y fomentar el compromiso. Puede encontrar una lista de opciones de recompensa y reconocimiento en el Capítulo de responsabilidad.

Capacitación

Además de la orientación que reciben los empleados cuando se unen a una organización y las iniciativas ocasionales de capacitación en seguridad en el sitio, la capacitación laboral a menudo tiende a compartimentarse y proporcionarse al conjunto de habilidades o clasificaciones específicas en las que los colegas realizan su trabajo diario. Los requisitos reglamentarios y las tareas específicas del trabajo a menudo limitan el tiempo restante que una organización puede asignar para cualquier necesidad de capacitación adicional.

Figura 12: El equipo se toma tiempo para reunirse para abordar el problema de producción.

"No es suficiente hacer lo mejor que puedas; debes saber qué hacer, y luego hacerlo lo mejor que puedas".

— **Deming**

La falta de capacitación continua y desarrollo de habilidades a menudo es una oportunidad perdida para mejorar los resultados de desempeño y aumentar la retención de empleados. Las iniciativas de Mejora Continua pueden destacar oportunidades de capacitación beneficiosas tanto para la organización como para sus miembros. Brindar desarrollo adicional a los empleados es un doble beneficio: tanto la organización como los miembros se benefician.

Un proyecto de investigación de tres años encargado por el Instituto para el aprendizaje basado en el trabajo de la Universidad de Middlesex entre un promedio de 4300 trabajadores por año reveló que un gran porcentaje (74%) sentía que no estaba alcanzando todo su potencial en el trabajo y, como resultado, valoraría el acceso a más oportunidades de desarrollo.

RECURSOS APRENDIZAJES

▶ Como líder de iniciativas de mejora continua, es probable que se le pida que justifique y demuestre un retorno de la inversión adecuado. Identifique los recursos clave necesarios para apoyar la Iniciativa de Mejora Continua.

▶ Establecer una visión a largo plazo con medidas integrales para evaluar el impacto de las iniciativas de mejora es un paso vital para garantizar la asignación adecuada de recursos y la sostenibilidad. Una reasignación de recursos apoya el cambio cultural.

▶ El uso de un "Cuadro de Mando Integral" para evaluar el esfuerzo de Mejora Continua puede demostrar un impacto positivo en una amplia gama de medidas relevantes. Los resultados centrados únicamente en el ahorro son un indicador rezagado y reflejan falsamente los beneficios para la organización.

▶ Apoyar las iniciativas de Mejora Continua en la primera línea con los recursos apropiados (tiempo, dinero, capacitación) requiere planificación. **Esta redistribución debe hacerse de manera que mantenga los requisitos actuales de calidad, seguridad, rendimiento, rentabilidad, etc., al mismo tiempo que apoya nuevos esfuerzos y comportamientos.**

La plantilla del Cuadro de Mando Integral está disponible para su descarga en www.thefivekeys.org

CASO DE ESTUDIO: LAS DOS SITIOS HERMANOS RESOLVIENDO EL ROMPECABEZAS

Recursos: factores humanos, financieros, materiales y de conocimiento a los que puede recurrir una persona u organización para funcionar con eficacia. Cualquier cosa y todo lo que ayuda a una empresa a operar.

Toda organización comprometida con la mejora continua debe decidir cuánto de sus recursos limitados está dispuesta a comprometer para apoyar su cultura de mejora continua. Para llegar a esta respuesta, el Sitio 1 sigue este proceso: cada nuevo año comienza con una evaluación de las prioridades que afectarán el negocio. Esto se basa en una evaluación de Balanced Scorecard. Debido a que la mejora continua se ha convertido en la norma, "la forma en que hacemos negocios", el sitio determina el nivel de apoyo de mejora continua requerido para cada prioridad. Se consideran el tiempo, el dinero, la capacitación y las actividades laborales no directas para determinar cómo se pueden distribuir adecuadamente los recursos en toda la organización. A medida que avanza el año, se realizan reevaluaciones y redistribuciones periódicas según sea necesario. En el Sitio 2, los recursos requeridos para las iniciativas de mejora continua se determinan según se requiera de forma ad-hoc. Con el tiempo, ambos sitios acordaron que la inversión anual se justifica adecuadamente por la mejora de los resultados empresariales anuales.

La comparación entre los dos sitios hermanos y su utilización de recursos es notable. El sitio 1 nunca dudó en poner a disposición el personal necesario, los miembros del equipo y cualquier capacitación requerida para cualquier actividad de Mejora Continua. Nuestro tiempo juntos siempre fue considerado valioso. Antes de cada una de mis visitas trimestrales de dos días, la gerencia del sitio y yo desarrollábamos una agenda detallada que planificaba cada hora de cada día. No se perdió el tiempo. Nuestra planificación se hizo siempre, con mucha antelación, para asegurar la disponibilidad del personal y los materiales necesarios.

En el Sitio 2 la experiencia fue muy diferente. En las primeras visitas, desarrollar una agenda siempre fue un desafío. Por ejemplo, antes de una visita trimestral programada, traté de asegurar una agenda con tiempo asignado para sesiones de capacitación tanto con la gerencia como con los equipos de primera línea. A pesar de los correos electrónicos y las llamadas telefónicas que hice al gerente del sitio, repetidas durante un período de varias semanas, no pude asegurar un compromiso. Finalmente, solo unos días antes de mi visita, recibí un correo electrónico en el que se me indicaba que se prepararía una agenda, según lo solicitado, y que estaría disponible para mí a las 8 a. m. en nuestro primer día de reunión. Cuando llegué esa mañana, no había agenda ni empleados con quienes reunirme; no se había realizado ninguna planificación. Como resultado, el primer día de mi visita de dos días lo pasé intentando improvisar una agenda y asegurar horarios de reunión con gerentes y miembros del equipo de primera línea. Un día de entrenamiento desperdiciado: recursos desperdiciados.

Desafortunadamente, esta inacción o resistencia pasiva por parte de la gerencia en el Sitio 2 no fue un incidente aislado. En otra ocasión, al llegar para mi visita trimestral, la planta experimentó una falla en el proceso. Como era de esperar, esto requirió "todas las manos a la obra" ya que se detuvo la producción. Afortunadamente, después de varias horas, el problema finalmente se solucionó y se reanudaron las operaciones. Este fue claramente un momento de enseñanza: ayudar al equipo a identificar las posibles causas de la falla y, luego, realizar una sesión de resolución de problemas en profundidad para explorar medidas preventivas.

A la mañana siguiente, asistí a la reunión del equipo deseoso de ofrecer mi ayuda. La reunión contó con poca asistencia ya que los miembros del equipo estaban concentrados en comenzar sus rutinas diarias. Algunos miembros claramente no estaban interesados, dando la espalda a la reunión del equipo. El supervisor mencionó los problemas del día anterior, pero solo en el contexto de lo importante que era ponerse al día hoy. Aprendí que esta falla en el proceso no era inusual, había ocurrido en el pasado y era probable que se repitiera.

El enfoque singular en la recuperación inmediata de la producción perdida prevaleció sobre los beneficios de capturar datos relativos al percance, mientras aún estaban frescos entre los miembros del equipo. Una inversión en tiempo y talento para reunirse y enfocarse en la solución permanente de problemas no era, todavía, parte de la cultura.

Mi último ejemplo destaca la importancia del vínculo entre proporcionar recursos adecuados para el crecimiento y desarrollo de la cultura de mejora continua. El sitio 1 hizo la inversión desde el principio para definir claramente los sistemas para respaldar la nueva iniciativa de mejora continua. El programa de recompensas y reconocimientos fue una inversión particular que valió la pena. A medida que se integran nuevas habilidades, herramientas y procesos en el negocio, el programa de recompensas y reconocimientos está listo para incorporar estos elementos. Cada mes ofrece una oportunidad para que el Comité Directivo identifique y desafíe a los equipos en una o dos áreas de crecimiento.

Realizada cada mes, la reunión incluye un almuerzo seguido de una hora dedicada a: desempeño del sitio, actualizaciones, nuevas iniciativas y premios otorgados. La reunión de R&R apoya las otras cuatro claves y fortalece la cultura:

▶ El liderazgo tiene la oportunidad de "Walk the Talk" (hacer lo que se dice), reconocer el buen desempeño y apoyar a los miembros del equipo.

▶ Aumenta el *compromiso* de los empleados al recompensar a las personas y los equipos que logran resultados trabajando juntos.

▶ La *alineación de objetivos* es reforzada como vínculo entre las tareas diarias y los nuevos comportamientos que están asociados con los resultados finales.

▶ La "competencia amistosa" por el reconocimiento entre equipos agrega un nivel adicional de *responsabilidad* entre pares.

La dedicación de recursos (tiempo, talento y dinero) al esfuerzo de mejora continua a menudo se convierte en un indicador principal de cuán exitosa es su iniciativa.

SECCION 3

REMEDIOS

Todo líder de Mejora Continua ha experimentado reveses y fracasos; esta es una parte normal del aprendizaje y el viejo adagio de que "aprendemos más del fracaso que del éxito" es cierto.

En esta sección, ofrecemos algunos posibles remedios para los desafíos comunes que puede encontrar.

▶ Give meEnfrentando líderes resistentes.

▶ Elegir métricas que importan.

▶ Cómo lidiar con la falta de confianza.

▶ Reuniones / Capacitaciones Ineficaces e Innecesarias.

▶ Nueve correcciones y consejos más.

ENFRENTANDO LÍDERES RESISTENTES

"Lidiar con los problemas de los empleados puede ser difícil, pero no hacerlo puede ser peor.

—Paul Foster, CEO The Business Therapist

En nuestra historia a continuación, Chris es gerente de una pequeña planta de fabricación, pero alguien como Chris podría ser cualquier persona de influencia en cualquier rol en cualquier organización, desde la línea de frente hasta la fila ejecutiva. De hecho, ¡encontramos a Chris en todas partes!

El problema con Chris

Chris es el gerente de planta de un pequeño sitio de fabricación en el Medio Oeste con alrededor de 150 empleados trabajando en tres turnos. Chris ha sido Gerente de planta durante más de 15 años y nadie se atreve a desafiar el conocimiento del producto o la autoridad de Chris. La idea de un nuevo sistema de trabajo basado en equipos, ordenado por los altos mandos, no atraía mucho a Chris. Esta planta ha estado manufacturando productos de manera rentable y Chris no ve ninguna razón para trastornar el carro de manzanas. Más específicamente, Chris no va a permitir que este nuevo programa de la empresa interrumpa la operación. Comando y control es lo que ha funcionado hasta este punto y Chris no se avergüenza de compartir esta filosofía.

Junto con este nuevo programa de participación de los empleados, llega un nuevo puesto de mejora continua ocupado por un joven de la mitad de la edad de Chris. Lee, lleno de entusiasmo y energía, ha sido ascendido desde las filas de la línea de frente y está ansioso por comenzar el nuevo trabajo. Lee conoce la dinámica de equipos, las herramientas de mejora y los procesos. Lee se conecta bien con las líneas del frente y parece ser la elección perfecta para el rol de mejora continua.

Chris siente la necesidad de enseñarle a este nuevo recluta algunas lecciones sobre la gestión y le explica a Lee: "Hemos probado este tema del compromiso antes; puede funcionar en la calle, pero no funcionará aquí. Además, no tenemos tiempo que perder escuchando a la gente quejarse de que las cosas no se arreglan bien y de los problemas sin resolver".

Lee se esforzó mucho, pero, con el tiempo, Chris sacó a golpes el entusiasmo y la esperanza de Lee. Otros miembros del equipo lucharon para que las cosas sucedieran, pero Chris los bloqueaba constantemente.

La parte más triste de esta historia real es que la alta gerencia estaba muy al tanto de las opiniones y acciones de Chris; sabían que probablemente Chris nunca cambiaría. Esperaban que el entusiasmo y la conexión de Lee con las bases pudieran marcar la diferencia. Como era de esperar, prevaleció la resistencia.

El mundo real

Si este fuera un caso aislado, probablemente nos hubiéramos saltado esta cuenta por completo. Desafortunadamente, "Chris" existe en prácticamente todos los esfuerzos de cambio. No atribuimos este hecho a la mala suerte o al momento oportuno, sino a la naturaleza humana y al desafío de implementar el cambio.

¿Qué hacer?

La resistencia es un desafío generalizado para todos los líderes de mejora continua y se debe enfrentar de frente. La supervivencia de su esfuerzo de mejora dependerá de si supera la resistencia de la(s) persona(s) con influencia dentro de su organización; por lo tanto, se requiere una preparación y planificación cuidadosas para lidiar con estas resistencias influyentes.

> Tomando prestado un término de las redes sociales, un "influencer" es un individuo o grupo con autoridad, experiencia o relaciones que impactan las decisiones de otros. En las redes sociales, los "influencers" son personas de alto perfil, a menudo celebridades, que pueden influir en sus miles de seguidores para que compren un producto en particular o apoyen una causa. A menudo son compensados por sus esfuerzos de influencia. En nuestro ejemplo, la influencia de Chris es negativa y se resiste a una iniciativa de cambio que beneficiaría a la empresa.

Algunas resistencias influyentes son de alto perfil, como en el caso de Chris, el gerente de la planta; pero otros se pueden encontrar en cualquier posición. La característica que estos resistentes comparten con Chris es la capacidad de moldear las actitudes y acciones de sus colegas y miembros del equipo. Algunos resistentes influyentes permanecen cautelosamente en la clandestinidad, pero sus colegas saben claramente cuál es su posición. Es posible que no digan una palabra, pero poner los ojos en blanco o mover la cabeza desdeñosamente es suficiente para indicarles a las personas con las que trabajan que este esfuerzo no es importante, para que así que no lo tome demasiado en serio.

El gerente de planta, Chris, es una persona decente, no está realmente en contra de las mejoras, pero está ocupado con números que alcanzar y una operación que ejecutar y no ve cómo esta nueva iniciativa podría funcionar. A lo largo de los años, Chris fue recompensado por patear traseros y citar nombres: ¡Chris era bueno en eso! Este es el estilo de gestión que Chris conoce mejor y obtiene resultados, entonces, ¿por qué cambiar?

Como gerente de planta, Chris es una persona influyente y se debe enfrentar la resistencia a la nueva visión. Otros gerentes y colegas están atentos para ver si triunfará el enfoque de Chris o el nuevo programa de mejora continua. Si no se cuestiona, la autoridad y las relaciones de Chris influirán en las actitudes en toda la planta, socavando y posiblemente hundiendo todo el esfuerzo.

Enfrentar la resistencia no es fácil, pero hay mucho en juego para no superarla. Hemos encontrado que las principales razones por las que no se puede confrontar a las resistencias influyentes son:

► Es políticamente imprudente.

► Los gerentes no saben cómo interactuar efectivamente con las resistencias.

► Creen que no tiene remedio.

► Evitar conflictos: requiere coraje.

El alto costo de no confrontar resistencias influyentes:

► Pone en riesgo la iniciativa de mejora continua.

► Sostiene una cultura que carece de rendición de cuentas.

► Proporciona aprobación tácita.

► Pérdida de respeto por los responsables.

► Fomenta el resentimiento.

► Socava la moral.

► Solo empeora.

A continuación se muestra un modelo que hemos empleado para trabajar con las resistencias influyentes. Se construye en torno al respeto mutuo y al establecimiento de un diálogo para enfrentar comportamientos inaceptables. A lo largo de los años, hemos asimilado y combinado el trabajo de varios expertos en el campo del conflicto y la resolución. Hemos seguido nuestro modelo y sabemos que funciona. Sugerimos el siguiente enfoque para confrontar a los líderes resistentes:

La conversación de 5 pasos

Paso 1. Prepárese

Siempre tenga en cuenta que cuando se introduce un esfuerzo de cambio, la mayoría de sus colegas evaluarán cómo les afecta personalmente la iniciativa. La resistencia es normal y esperable.

▶ **Cree un ganar-ganar:** su conversación con la resistencia no debe ser una discusión de ganar-perder. Debido a que esta persona tiene influencia, lo mejor para la organización, el colega y usted, como líder de mejora continua, es persuadir a esta persona. *Si no tiene éxito, todos pierden.*

▶ **Muestre respeto:** aborde esta conversación con respeto por el individuo y vea su papel como un pacificador, no como un ejecutor. Planifique un momento y un lugar que sea conveniente, brinde privacidad y no tenga distracciones. Esta reunión debe ser privada y confidencial.

▶ **Compruébelo usted mismo:** si es posible, es muy útil prepararse observando personalmente el comportamiento que no se corresponde con lo que se desea. Necesita ejemplos de primera mano; los rumores no son aceptables.

▶ **Citar los aspectos positivos:** también, tómese el tiempo para anotar los casos en los que esta persona hizo todo lo posible para apoyar a la organización. Citar ejemplos pasados de su buen trabajo puede ser útil. No exageres ni hable de cosas sin fundamento, ya que esta conversación debe ser honesta y directa. Los ejemplos deben ser reales o serán considerados manipuladores.

Paso 2. Señale el problema

Plantear el problema con precisión permite que ambas partes comiencen a explorar las posibles causas y eventualmente busquen soluciones.

- ▶ **No asuma:** es posible que su colega no sepa que su comportamiento está obstaculizando los esfuerzos de mejora.

- ▶ **Sea específico:** describa el comportamiento observado que es contrario a lo que se necesita y se espera. Explicar cómo su comportamiento está afectando a los demás y cómo es perjudicial.

- ▶ **Reconocer el problema:** es vital que su colega vea y reconozca que su comportamiento está creando un problema. La negación les permite evitar la responsabilidad e impide la resolución. Una vez reconocido, ambas partes ahora pueden comenzar a explorar formas de resolver el problema.

Paso 3. Comparte lo que sabes

Sea honesto y transparente. Explore los beneficios para la organización, el equipo y el individuo.

- ▶ **Comience con el POR QUÉ:** Independientemente de qué tan bien se haya comunicado la iniciativa, no asuma que la persona comprende por qué la organización se ha embarcado en este esfuerzo de mejora continua.

- ▶ **Describa los beneficios:** Sea específico en cuanto a cómo la mejora ayuda a la organización y cómo estos cambios los beneficiarán personalmente. Si ya se han producido algunas ganancias, comparta estas "ganancias" con ellos.

- ▶ **Manténgalo simple.** Comparta con su colega los posibles cambios y lo que permanecerá igual. Manténgase en lo básico: qué, cómo, quién y cuándo.

Paso 4. Escuchar para comprender

La resolución comienza con la comprensión. Escucha atentamente lo que dice la otra persona y lo que realmente quiere decir.

▶ **Sea curioso:** Escuche con un sentido genuino de curiosidad y no con una idea preconcebida. Conozca lo que piensan y sus preocupaciones. Haga preguntas para mejorar la comprensión, no para debatir, sino para aprender.

▶ **Calme los miedos:** aunque es probable que pocos lo admitan, recuerde que el miedo es la razón principal por la que las personas se resisten al cambio. Los temores de perder el trabajo, lo desconocido y el futuro encabezan la lista. Los miedos no son la única razón para la resistencia, así que escuche atentamente otros problemas. Si puede aliviar alguno de sus miedos, hágalo, pero no engañe ni endulce nada.

Paso 5. Mapear

Creen juntos un plan. El plan debe abordar los problemas, ser realista y transparente.

▶ **Deje claras las expectativas:** ¿Qué le pide específicamente a su colega?

▶ **Identifique áreas de acuerdo:** ¿En qué puede estar de acuerdo? ¿Hay una base sobre la cual podrías avanzar?

▶ **Desarrolle un plan para actuar en las áreas de acuerdo:** Utilice las áreas de acuerdo como puente para resolver el asunto. Comprométase a encontrar una manera que resuelva el problema satisfactoriamente. A menudo, al abordar el problema juntos, se encuentran soluciones nuevas y mejores. Escriba el acuerdo.

▶ **Seguimiento:** demuestre su compromiso consultando a su colega. Las conversaciones informales por teléfono o tomando un café pueden generar un resultado positivo y asegurar que el progreso esté en marcha.

▶ Planifique una revisión del acuerdo: ¿Cuándo se reunirá nuevamente para revisar formalmente el progreso? Si no se avanza y los comportamientos y actitudes reflejan una resistencia continua, ¿qué sucede después? Sin amenazas, solo los siguientes pasos.

¿Qué pasa si sus esfuerzos fallan?

Si hace un esfuerzo genuino y de buena fe, pero aun si la resistencia continúa, quedan pocas opciones. Si deja a una resistencia influyente en su posición actual, sus esfuerzos se verán socavados de forma intencionada o por defecto. Si esta es la situación, deben ser reemplazados.

En nuestra historia real anterior, Chris finalmente fue reemplazado, desafortunadamente, tres años demasiado tarde. Lo que escuchamos con más frecuencia de la alta gerencia cuando se ven obligados a reemplazar a alguien que se resiste al cambio es: "deberíamos haberlo hecho antes".

APRENDIZAJES

▶ Existen "resistencias influyentes" en prácticamente todas las organizaciones y esfuerzos de cambio. La probabilidad de que te encuentres con un "Chris" es casi una certeza.

▶ Debido a que un '"Chris" tiene influencia y es abierta o encubiertamente resistente al cambio, debe ser confrontado. No hay un camino fácil y hay mucho en juego.

▶ Se debe hacer un esfuerzo de buena fe para llegar a los resistentes influyentes. Si tiene éxito, es probable que otros con el mismo punto de vista se incorporen. Si no tiene éxito, se requieren acciones más significativas.

La plantilla de conversación de cinco pasos con resistencias influyentes está disponible para descargar en www.thefivekeys.org

ELIGIENDO MÉTRICAS QUE IMPORTAN

Métricas: medidas cuantitativas para evaluar el desempeño en el logro de los objetivos de la organización y el cumplimiento de los requisitos de los clientes y las partes interesadas.

"Si no puedes medirlo, no puedes mejorarlo"

**— Lord Kelvin,
Físico, Matemático e Ingeniero.**

Moneyball: *El Arte de Ganar un Juego Injusto* (Lewis 2003) fue un libro escrito por Michael Lewis y publicado en 2003, luego convertido en una película estrenada en 2011. Esta historia real del equipo de béisbol profesional Oakland Athletics 2002-2003 dejó una huella imborrable en los practicantes de mejora continua.

En esta historia real, la gerencia de los Atléticos de 2002 reconoció que no podían atraer a jugadores de primer nivel debido a su nómina limitada. Por ejemplo, los salarios anuales de los equipos de las Grandes Ligas de Béisbol en 2002 oscilaron entre un mínimo de 35 millones de dólares y un máximo de 125 millones de dólares. La nómina de jugadores de los Atléticos en 2002 fue la tercera más baja entre los treinta equipos de la Liga con $44 millones.

Dada esta enorme desventaja de reclutamiento, la aplicación de las métricas tradicionales asociadas con la elección y contratación del jugador con el mayor potencial fue imposible. En cambio, la gerencia determinó que los criterios tradicionales de selección de jugadores de promedio de bateo, bases robadas y carreras impulsadas estaban atrasados y mediante análisis estadísticos determinaron que el porcentaje de en-base y el porcentaje de slugging (un promedio de cuántas bases logra un jugador por bate) eran en realidad mejores predictores del éxito ofensivo.

Los Atléticos aplicaron esta fórmula métrica novedosa que guía el reclutamiento de jugadores y se mantiene dentro de su presupuesto. El plan de adquisición de nuevos jugadores resultó increíblemente exitoso y el equipo ganó el título de la División de la Liga Americana en 2002 y 2003, lo que les permitió competir en la Serie Mundial en ambos años.

Su éxito en la aplicación de estas métricas no tradicionales fue extraordinario y la comidilla del mundo del béisbol. Otros equipos pronto comenzaron a aplicar criterios de reclutamiento similares compitiendo por el talento aplicando la fórmula de las A.

Relacionamos esta historia para proporcionar un ejemplo muy poco tradicional del impacto que puede tener en una organización la selección cuidadosa de métricas. Como líder de mejora continua, puede tener la oportunidad de influir en la selección de métricas, tanto indicadores de acción, los que influirán en los resultados futuros, como indicadores rezagados, los que confirman el rendimiento real. El cuadro a continuación proporciona un ejemplo de indicadores de acción y rezagados en una variedad de entornos empresariales.

¿Qué son los indicadores de acción (leading) y de rezago (lagging)?

En pocas palabras, **los indicadores de rezago (lagging)** son una mirada en el espejo retrovisor que documenta los resultados de esfuerzos anteriores. En términos de las operaciones de una empresa, los indicadores de rezago (lagging) pueden ser: ingresos brutos, el volumen total, la entrega a tiempo, los gastos generales, la rotación de empleados, etc. Estos resultados revelan tendencias y brindan evidencia concreta a las partes interesadas acerca de cómo la organización se ha desempeñado en el pasado.

Los indicadores de acción (leading) son lo opuesto a los indicadores de rezago (lagging). Los indicadores acción (leading) son medidas procesables que influyen fuertemente en lo que es probable que ocurra en el futuro. Estas medidas pronostican resultados probables, es decir, los futuros indicadores de rezago (lagging). Estas medidas pueden incluir: la satisfacción del cliente, las mejoras implementadas, el desarrollo de productos, la cantidad de nuevos clientes, etc. Lo que es más importante, *los indicadores acción (leading) son procesables,* describen funciones que están bajo el control directo de la organización.

Tanto los indicadores de rezago (lagging) como los de acción (leading) pueden proporcionar funciones valiosas y esenciales en la mayoría de las organizaciones:

▶ Los indicadores de rezago (lagging) corroboran el bienestar de la organización. Comunican a todas las partes interesadas los resultados críticos del desempeño.

▶ Los indicadores de acción (leading) brindan información sobre la probabilidad de que la organización logre o supere sus objetivos de desempeño en el futuro.

Es obvio y necesario que las organizaciones se centren en los resultados finales: esos indicadores de rezago (lagging). Desafortunadamente, muchas organizaciones se enfocan *únicamente* en esos números. El resultado es una visión miope que descuida los factores críticos que impulsan esos resultados finales.

Eligiendo los Indicadores Correctos

Elegir indicadores de rezago (lagging) es relativamente fácil (es decir, resultados de desempeño importantes para las partes interesadas), mientras que seleccionar indicadores de acción (leading) requiere una consideración cuidadosa. Los buenos indicadores principales son aquellas actividades, funciones y acciones sobre las que tiene control o influencia que impactan las medidas críticas de desempeño. Por ejemplo, si los ingresos totales son un indicador de rezago (lagging), la obtención de nuevos clientes podría ser un indicador de acción (leading).

En general, en la mayoría de las industrias, agregar nuevos clientes generará nuevos ingresos. Más importante aún, obtener nuevos clientes es una actividad en la que la organización puede impactar a través del esfuerzo (investigación, marketing, ventas), recursos (personas y datos) y financiamiento (salarios, tarifas de publicidad). Sin esfuerzo, recursos y financiamiento adecuado, la base de clientes probablemente no se expandirá y los ingresos no aumentarán. Por el contrario, dedicar los recursos y la financiación necesarios para agregar nuevos clientes generará mayores ingresos. Agregar nuevos clientes (un indicador de acción/leading) es, por lo tanto, un predictor viable de ingresos futuros (un indicador de rezago/lagging). Identificar y priorizar los indicadores de acción (leading) apropiados puede mejorar drásticamente la probabilidad de cumplir con los objetivos de desempeño futuros.

Tanto los indicadores de acción (leading) como los de rezago (lagging) son apropiados y deben alinearse en toda la organización. Cada función y departamento debe tener medidas que indiquen cómo están contribuyendo a la estrategia de su organización y desempeñándose frente a sus objetivos (indicadores de rezago / lagging). Además, cada función y departamento debe tener otras medidas que sean procesables y que tengan un impacto positivo en las finanzas finales.

La siguiente tabla proporciona ejemplos de indicadores de acción y de rezago que abarcan varias industrias.

Eligiendo Métricas
INDICADORES DE REZAGO (lagging)
INDICADORES DE ACCIÓN (leading)

Análisis del desempeño pasado   Influencia en el desempeño futuro

EJEMPLOS

Análisis del desempeño pasado			Influencia en el desempeño futuro	
Costo de Envío	Entrega a Tiempo	PROVEEDOR	% de Órdenes Perfecta	Taza de Pedidos Pendientes
Ventas Promedio por Tienda	Calidad de Descue	MINORISTA	% de Órdenes Perfecta	Taza de Pedidos Pendientes
Lesiones / Tasa de Enfermed	Total de días de trabajo	SALUD	Número de Inspecci	Seguridad y Salud
Crecimiento de Ventas	Entrega a Tiempo	EMPRESAS / SERVICIOS	Respuesta a Tiempo	Disponibilidad de Procesos
Margen Bruto	Costo por Unidad	MANUFACTURA	OEE	Niveles de Inventario
Ingreso Bruto	Ingreso por Cliente	SERVICIO DE COMIDAS	Satisfacción del Cliente	Nuevos Clientes

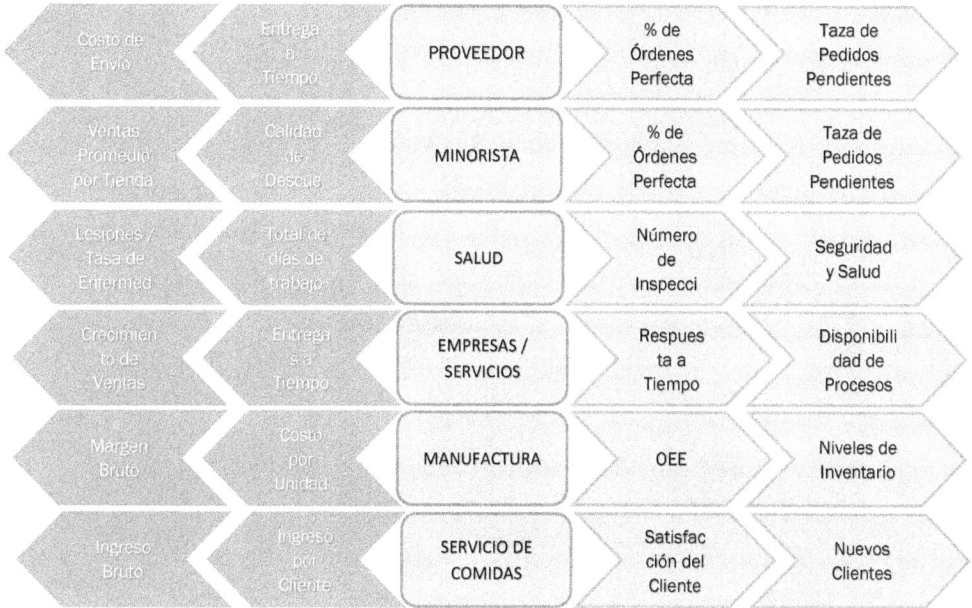

APRENDIZAJES

▶ El ejemplo de "Moneyball" describe la importancia de elegir cuidadosamente las métricas que brindan a su organización una ventaja competitiva.

▶ El indicador de rezago (lagging) transmite resultados de rendimiento anteriores. Los indicadores de acción (leading) ayudan a predecir el desempeño futuro.

▶ Los indicadores de acción (leading) son accionables: describen funciones que están bajo el control directo de la organización.

LIDIANDO CON

LA FALTA DE CONFIANZA

"La confianza es como el aire que respiramos: cuando está presente, nadie se da cuenta; cuando está ausente, todo el mundo se da cuenta".

**- Warren Buffett,
CEO de Berkshire Hathaway**

Una relación de confianza entre los líderes de Mejora Continua y sus compañeros de trabajo es ventajosa a la hora de emprender esfuerzos de cambio. Pero, ¿qué sucede cuando aún no se ha establecido una relación de confianza y la confianza es baja? ¿Qué pasa si los colegas no te conocen? Tal vez trabajó en otro departamento, fue contratado recientemente o fue contratado como consultor externo. Tal vez haya liderado esfuerzos pasados que no tuvieron éxito.

Muchos argumentarían que sin la premisa de la confianza, las iniciativas de cambio están condenadas al fracaso. Ser capaces de contar unos con otros para responder de manera predecible, dicen, es un requisito previo para lanzar esfuerzos de mejora. Por lo tanto, la confianza debe ser fuerte antes de lanzar iniciativas de mejora. *No estamos de acuerdo.*

En nuestra experiencia, a menudo faltan altos niveles de confianza entre la gerencia y los colegas en la línea de frente cuando se lanzan programas de mejora. Tal vez, incluso una historia de prácticas de gestión tradicionales ha reforzado este paradigma. Es posible que los esfuerzos anteriores hayan cambiado prácticas de hace mucho tiempo que algunos consideran desestabilizadoras y que causaron resentimiento. La resistencia al cambio siempre prevalece y la "falta de confianza" proporciona a algunos una justificación para negar el apoyo. Por lo general, los colegas priorizan sus intereses individuales sobre las necesidades de la organización. Entonces, **si la confianza es débil, ¿sigues adelante? Absolutamente. No puedes esperar por la confianza. La confianza es un subproducto de hacer cosas difíciles juntos.**

Los beneficios de construir confianza

La confianza no se desarrolla de la noche a la mañana, pero hacer de la confianza un sello distintivo de su cultura de mejora continua beneficiará a sus colegas y respaldará todos los aspectos de la empresa (Atkinson 2017).

Confianza dentro de su organización:

▶ Abre comunicaciones.

▶ Fomenta la colaboración y el trabajo en equipo.

▶ Establece objetivos comunes.

▶ Aumenta la disposición a asumir riesgos.

▶ Permite errores honestos.

▶ Alienta a los colegas a ser voluntarios.

▶ Genera colaboración entre departamentos.

▶ Permite rendir cuentas sin miedo.

▶ Mejora la moral.

▶ Reduce el tiempo en la toma de decisiones.

▶ Promueve discusiones sinceras y honestas.

▶ Disminuye la resistencia a los esfuerzos de cambio.

Cómo generar confianza

La confianza debe ganarse y, una vez ganada, debe protegerse. Para establecer y mantener la confianza entre sus colegas, las siguientes acciones son importantes para crear un entorno de confianza mutua. Al liderar esfuerzos de mejora continua, "confianza" significa que los colegas pueden confiar en usted para:

▶ **Diciendo la verdad, siendo honesto y abierto**: su integridad es primordial cuando se trata de liderar. Mantenga a sus colegas bien informados. Explique sus decisiones y su justificación. Comparta los cambios probables y lo que permanecerá igual. Póngase en los zapatos de ellos. Nunca engañe para suavizar el impacto del esfuerzo de cambio. Sus colegas esperan ser tratados como pares y adultos; por lo tanto, debe proporcionarles información confiable.

▶ **Liderando con el ejemplo, haciendo lo que se dice y se pide:** las acciones hablan más que las palabras. Su comportamiento y el de los líderes de otras organizaciones se exhiben y analizan constantemente. Los colegas evalúan continuamente si los líderes practican genuinamente los comportamientos que defienden. Si el andar de los líderes no coincide con su discurso, entonces no es realista esperar que otros los sigan.

▶ **Siendo predecible y justo:** la confianza aumenta cuando los colegas saben qué esperar. Nadie está dispuesto a arriesgarse si piensa que puede ser cortado. Sus acciones consistentes generarán confianza entre sus colegas para apoyar sus esfuerzos. Sabrán que su compromiso con el cambio no será socavado ni abandonado. Trata a todos tus compañeros por igual. No evite asignar tareas a aquellos que se resisten eligiendo solo aquellos con los que cree que puede contar. Demuestre objetividad y equidad.

▶ **Requiriendo responsabilidad de las decisiones, de las acciones y de los respectivos resultados:** responsabilizar a las personas, incluidos usted mismo y otros líderes, generará respeto por usted y confianza en el proceso. El cumplimiento de completar las tareas, cumplir con los plazos y proporcionar evaluaciones honestas del progreso o la falta del mismo contribuirá significativamente a su credibilidad y ayudará a establecer una cultura de transparencia.

► **Mostrando respeto:** tus compañeros tienen experiencia, sabiduría y talento. Sin ellos y sus contribuciones, ningún esfuerzo de mejora tendrá éxito. Deles reconocimiento y respeto. Escuche lo que tienen que decir buscando su opinión y consejo. Sea paciente cuando los colegas sean más lentos que otros para adoptar nuevas prácticas, pero cuestione los comportamientos inconsistentes con la cultura que está construyendo. Trate a todos como iguales.

► **Evitando las sorpresas:** a nadie le gusta que lo sorprendan. En el ambiente de trabajo, ser sorprendido es inconsistente con una buena comunicación y vergonzoso para aquellos que se supone que deben estar al tanto. Saber que el líder de Mejora Continua mantendrá a los colegas bien informados y al tanto de las noticias relevantes fortalecerá sus relaciones y su capacidad de liderazgo.

► **Dando reconocimiento a los demás compartiendo el centro de atención:** puede ser el líder de Mejora Continua, pero los esfuerzos de cambio exitosos requieren la contribución de muchos colegas de toda la organización. No dude en brindar un reconocimiento bien merecido por las contribuciones de otros. El reconocimiento inspira el compromiso y la voluntad de hacer aún más. A todo el mundo le gusta una palmadita en la espalda, siempre que el reconocimiento sea merecido y auténtico.

Finalmente, la construcción de una confianza real es producto de un buen liderazgo. La confianza se construye cuando las personas hacen constantemente lo que dicen que harán, una y otra vez.

APRENDIZAJES

▶ Genere confianza demostrando su confianza en los demás.

▶ No permita que la falta de confianza descarrile sus esfuerzos de mejora.

▶ Haga de la "confianza" un sello distintivo de su cultura de mejora continua.

REUNIONES INEFICACES E INNECESARIAS

"La capacidad de un gerente para convertir las reuniones en un entorno de pensamiento es probablemente el mayor activo de una organización".

—Nancy Kline, autora

Una de las quejas más comunes en todas las organizaciones es que hay demasiadas reuniones, y eso es antes de la introducción de una iniciativa de Mejora Continua. El tiempo, como todos los demás recursos, es finito y debe ser compartido entre todos los requisitos y demandas de la organización. Al igual que con cualquier iniciativa nueva, se requerirán algunas reuniones, capacitación, entrenamiento y sesiones de preguntas y respuestas, lo que se sumará a las demandas de tiempo de otros líderes y colegas en la línea de frente. Al planificar y realizar reuniones efectivas, demuestra que respeta su tiempo y que es un profesional y la persona adecuada para liderar el esfuerzo de mejora.

Reuniones pobremente dirigidas desperdicia el tiempo de los compañeros y el dinero de la organización; estas reuniones son resistidas y, a menudo, con baja asistencia y participación[53]. Por el contrario, las reuniones bien organizadas suelen ser aplaudidas y apreciadas por los asistentes. Su mejor enfoque para obtener y mantener el apoyo para el esfuerzo de Mejora Continua y brindar defensa contra la resistencia innecesaria es adoptar un proceso de

---

[53] Martijn Aurik. Businesses waste $37 billion on ineffective meetings every year. What's your share? July, 2017. https://www.getminute.com/ineffective-meetings/

reunión que responda a sus necesidades y respete las necesidades de sus colegas.

Le recomendamos que vuelva a familiarizarse con el buen diseño y las prácticas de las reuniones antes de organizar su primera reunión de Mejora Continua. Hay docenas de sitios web que brindan este consejo y plantillas gratuitas para planificar y realizar reuniones efectivas. Hemos encontrado que los elementos esenciales comúnmente incluyen:

Planificación

▶ Elija una hora, fecha y lugar que funcione para usted y sus colegas.

▶ Cree una invitación a la reunión y solicite confirmación de asistencia a sus invitados.

▶ Circule la invitación al menos 7 días antes de la fecha prevista.

▶ Su invitación debe cubrir:

- Detalles de la reunión: Hora, lugar y duración (no permita que su reunión exceda el tiempo asignado).

- Identifique al anfitrión y enumere a los asistentes.

- El propósito de la reunión.

▶ Solicite elementos que a otros les gustaría agregar a la agenda.

La agenda

▶ Temas no resueltos de la última reunión.

▶ Nuevos elementos para el debate.

▶ Acciones a tomar / decisiones a tomar.

▶ Comunicaciones, si las hubiere.

▶ Próximos pasos: elementos para la próxima reunión.

▶ Reunión futura - hora y fecha.

Hacer seguimiento

Las notas de la reunión no necesitan ser extensas, pero capturan:

▶ Destacados.

▶ Decisiones tomadas.

▶ Acciones comprometidas.

▶ Cuestiones no resueltas.

▶ Breve resumen.

▶ Hora, fecha y lugar de la próxima reunión.

Tomarse el tiempo para planificar y facilitar reuniones efectivas demuestra respeto por sus colegas y compromiso con el proceso de Mejora Continua.

APRENDIZAJES

La calidad y la eficacia de sus reuniones son un reflejo directo de su competencia como líder de Mejora Continua.

Los "Tres Grandes" de las reuniones productivas son:

▶ Planificación

▶ La Agenda

▶ Seguimiento

ENTRENAMIENTO DE COLEGAS

Entrenamiento: enseñar, o desarrollar en uno mismo o en otros, cualquier habilidad y conocimiento que mejore la competencia, la capacidad, la productividad y el desempeño.

"El arte de enseñar es el arte de ayudar al descubrimiento"

**—Mark Van Doren,
poeta estadounidense**

Además de garantizar que sus reuniones estén bien planificadas y ejecutadas, como líder de mejora continua, es probable que organice y lleve a cabo sesiones de capacitación. La capacidad de crear y brindar capacitación efectiva es otro conjunto de habilidades que debe perfeccionarse e incluirse en su "caja de herramientas" personal.

Uno de los requisitos más comunes de los líderes de mejora continua es enseñar a otros. Difundir las filosofías, herramientas y métodos de mejora de procesos es lo que hacemos. Si bien la mayoría de nosotros no hemos tenido una formación docente formal, sabemos que sus habilidades para capacitar a sus colegas tendrán un impacto muy directo en los resultados generales de mejora.

Nuestro propósito aquí no es proporcionar un curso breve sobre cómo capacitar a otros, sino resaltar algunos aspectos clave de capacitación que hemos encontrado efectivos en nuestras sesiones de capacitación más exitosas.

Planificación

1. Establezca metas y resultados de capacitación. Sus planes de capacitación deben alinearse con la visión y los objetivos de la organización y el enfoque específico de la iniciativa de mejora.

2. Planifique con el fin en mente. Identifique qué será diferente debido a que se llevaron a cabo estas sesiones de capacitación. ¿Cuáles son los entregables específicos?

3. Cree sesiones de entrenamiento que sean de corta duración. Descubrimos que las sesiones de entrenamiento más cortas (aprox. 2 a 3 horas) son más efectivas que los maratones de todo el día.

4. Acomode diferentes estilos de aprendizaje. Planifique su sesión de entrenamiento incorporando las tres preferencias de aprendizaje:

   - **Aprendizaje Visual:** Cuando la información se presenta de forma visual. Ver información ayuda a visualizar los conceptos enseñados. (es decir, diapositivas de PowerPoint, rotafolios, libros de trabajo, preguntas escritas, videos, etc.).

   - **Aprendizaje Auditivo**: Cuando la información se presenta de manera auditiva. Escuchar información ayuda a interiorizar los conceptos enseñados. Discusiones, videos, conferencias, música y podcasts

   - **Aprendizaje cinestésico**: cuando la información se presenta de forma cinestésica. El uso de manos/cuerpos y acción ayuda a experimentar los conceptos enseñados. Ejercicios grupales, tormentas de ideas, juegos, actividades y excursiones.

Esté preparado con una variedad de métodos diferentes para presentar su material, honre los diferentes estilos de aprendizaje de sus asistentes.

5. Prepare sus materiales y equipos, para cada segmento de capacitación, con suficiente anticipación.

Día de entrenamiento

1. Invitar a un representante de alto nivel para dar inicio a la sesión demuestra compromiso con el esfuerzo y agrega cierto nivel de responsabilidad y sentido de propiedad. Un buen comienzo en verdad.

2. Comience con el "POR QUÉ". Explique a los miembros de su sesión lo que se les presentará y por qué esta capacitación es importante, cómo beneficia a la organización y quienes serán capacitados.

3. Enumere y explique los objetivos de la sesión. Cada participante debe saber lo que se va a presentar y lo que va a aprender.

4. Haga que la capacitación sea interactiva. Incluya discusiones de grupo y sesiones de resolución de problemas para energizar a los participantes. Incluya ejercicios y videos. Considere hacer que los participantes trabajen en parejas o en equipos de mesa.

5. Evite la "muerte por PowerPoint". Cuando utilice diapositivas de PowerPoint, cree debates interactivos. *No lea las diapositivas.*

6. Siempre asigne tarea. Refuerce lo que se ha enseñado asignando pequeñas tareas que integren el aprendizaje para cada alumno: los participantes pueden presentar la "tarea" en la próxima sesión.

7. Si se requieren tareas de seguimiento específicas, asegúrese de que cada alumno tenga claras las expectativas. Cree un registro visual de qué y quién.

8. Comience y termine siempre a tiempo.

Evaluaciones

Cada sesión de capacitación debe concluir con una breve evaluación escrita. Esta breve actividad no es una crítica del diseño de la sesión de capacitación ni de los panelistas.

Las evaluaciones cumplen tres funciones principales:

1. Demuestra respeto por las opiniones y consejos de los participantes.

2. Requiere que los participantes reflexionen personalmente sobre lo que han aprendido y experimentado y pueden resaltar los beneficios.

3. Ayuda a garantizar que se cumpla el propósito de la capacitación y puede proporcionar consejos útiles para futuras sesiones de capacitación. Además, la retroalimentación proporciona un registro tangible del progreso realizado.

La breve lista de *preguntas abiertas* requiere que los participantes piensen en sus respuestas. No es un ejercicio de "marcar la casilla". Una buena retroalimentación contribuye a mejorar aún más las sesiones de entrenamiento.

NOTA: No tome los comentarios como algo personal. Cada participante está expresando lo que siente en el momento, así que acepte sus respuestas simplemente como datos: *nada más, nada menos.*

Formación de Mejora Continua en Pocas Palabras:

Entrenando el ¿Por qué? Los empleados deben comprender por qué la iniciativa de mejora es importante para la organización y cómo se conecta con la visión y lo que significa para ellos personalmente.

Las personas no pueden hacer lo que no entienden. Independientemente de las herramientas de mejora que su organización elija utilizar, los empleados deben tener una comprensión sólida de **cómo** y **cuándo** usarlas. (es decir, resolución de problemas, Kaizen, 5S, ¡lo que sea!).

¡Fomente el éxito! Ahora que los colaboradores entienden el por qué, el cómo y el cuándo, proporcione las oportunidades para que se lleve a cabo la mejora. El entrenamiento continuo y la recompensa y el reconocimiento brindan oportunidades para reforzar nuevos comportamientos.

Otros consejos

Convertirse en un formador/entrenador eficaz requiere tiempo y compromiso. Dominar los materiales, leer a su audiencia, aprender cuándo plantear preguntas, generar discusiones y debates, ampliar conceptos o pasar a material nuevo requiere experiencia y tiempo. Mantener una agenda flexible permite esa libertad para leer a la audiencia y hacer ajustes para lograr el mayor impacto. ¡Es raro que dos sesiones de entrenamiento sean idénticas!

Según nuestra experiencia, los mejores profesores/formadores:

▶ **Crean** un entorno de aprendizaje seguro.

▶ Crean una experiencia positiva, basándose en lo que los alumnos ya saben.

▶ Cuando es posible, trabajan en parejas. Dos capacitadores experimentados pueden apoyarse mutuamente y proporcionar información y flexibilidad adicionales.

▶ Pueden leer a su audiencia y pivotar para la mayoría de los compromisos y aprendizajes (descansos, cierre de discusiones, búsqueda de un punto válido, cambio de agenda).

▶ Saben cuándo liderar el grupo y cuándo ser neutral para lograr los resultados deseados.

▶ Son firmes en su enfoque de lograr el *propósito de la sesión*.

Quizás, la lección más valiosa que aprendí de mis mentores es el valor de comprender el propósito de mi trabajo. Si se trata de una sesión de facilitación, el punto de partida para mí es preguntar: "¿Cuál es el propósito de esta sesión de facilitación? ¿Cuáles son los resultados? ¿Qué será diferente al final del día?" Al hacer este ejercicio, tengo mucho más claro qué es lo que tengo que hacer ese día. Manteniéndose fiel al propósito de la sesión y teniendo en cuenta los principios de cómo las personas aprenden, la agenda a menudo se escribe sola.

APRENDIZAJES

▶ Un requisito común de los líderes de mejora continua es enseñar a otros.

▶ La capacidad de crear y brindar capacitación efectiva es un conjunto de habilidades que debe perfeccionarse e incluirse en su "caja de herramientas" personal.

▶ Proporcione siempre formularios de evaluación por escrito a los participantes al final de cada sesión de capacitación.

Una plantilla de evaluación del taller está disponible para descargar en www.thefivekeys.org

NUEVE CORRECCIONES Y MÁS CONSEJOS

Expectativas poco realistas para los líderes en la línea de frente

Los héroes anónimos del trabajo de mejora continua están en la línea de frente. Estos líderes, tanto supervisores como líderes de equipo, se combinan con sus colegas para implementar cambios en sus procesos y hábitos de trabajo. Estos colegas superan sus propios miedos al cambio y lideran a otros en la resolución de problemas e implementación de mejoras.

A veces, las expectativas de estos líderes son poco realistas y sin recompensa. Si bien liderar el equipo es su trabajo, es injusto esperar que estas personas sean responsables de todo lo que sucede en la primera línea, tanto para bien como para mal. Tampoco es realista esperar que estas personas tengan todas las respuestas y soluciones en el momento en que surjan los problemas. Trate bien a estos colegas y reconozca sus muchos logros. ¡Son su mayor recurso!

Responsabilidad sin Autoridad

A menudo surge un dilema común cuando recluta a colegas respetados para que lideren las iniciativas de mejora continua. Por lo general, los miembros del equipo son elegidos para encabezar una iniciativa y, posteriormente, son responsables de los resultados. Sin embargo, se retiene la autoridad correspondiente necesaria para que el individuo lleve a cabo esta tarea y garantice la acción, generalmente sin intención.

El resultado probable es la falta de progreso, la frustración del líder de la tarea y la renuencia de los colegas a ocupar este puesto. Depender únicamente de la capacidad de uno para persuadir e influenciar a sus colegas para que sigan su ejemplo es poco realista e insostenible. Necesita todos los simpatizantes que pueda obtener y, por lo tanto, debe proporcionarles las "herramientas" necesarias para realizar las tareas solicitadas.

Para evitar un escenario de "jefe a medias" que genere celos o resentimiento, considere cuidadosamente la cantidad de autoridad requerida para realizar la tarea. Será necesario instruir constantemente al individuo sobre el uso de esta autoridad limitada. Además, será útil alentar a otros líderes y gerentes a brindarle a su agente la asistencia y las herramientas necesarias para completar la tarea. Finalmente, comunicar ampliamente el papel de este "líder del proyecto" y de quienes trabajarán con él allanará el camino para la comprensión y el apoyo.

Nunca haga suposiciones

Los esfuerzos de mejora continua generalmente van acompañados de la voluntad de la gerencia de compartir datos empresariales con los empleados de primera línea. Una vez que la provincia de "solo gerentes", todo tipo de información relevante se pone a disposición de los colegas de toda la organización. Esta transparencia es significativa y representa un cambio real de las prácticas de gestión tradicionales a aquellas alineadas con la mejora continua. A los empleados de la línea de frente, tanto de supervisión como de operaciones, ahora se les confía información privada y se les reconoce como miembros valiosos del equipo alistados en la búsqueda de mejoras.

Si bien señala una nueva era brillante, a menudo hemos observado que la presentación de cierta información deja a los participantes rascándose la cabeza. Si bien se entiende en la sala de juntas, el léxico empresarial actual presenta una variedad de términos desconocidos, acrónimos, métricas, diagramas de flujo, diagramas, gráficos de barras y gráficos circulares con un eje x y un eje y, etc., para una audiencia desconcertada. Si bien este escenario es común, rara vez un asistente a la reunión admitirá abiertamente una falta de comprensión o solicitará una explicación.

Los líderes de mejora continua deben reconocer que los datos especializados o técnicos pueden ser desconocidos y confusos para los no iniciados. Tómese el tiempo para definir términos y acrónimos con <u>regularidad</u>, establezca un vocabulario común y explique minuciosamente los gráficos y tablas que muestra. No asuma que sus colegas lo saben. Establezca un ambiente de aprendizaje seguro donde sea cómodo para los colegas hacer preguntas.

Home Runs versus Hits básicos

Todos sabemos que el principio fundamental de la Mejora Continua es un enfoque en la implementación de pequeñas mejoras incrementales a lo largo del tiempo. A pesar de las ventajas obvias de las pequeñas mejoras (que requieren menos costos, riesgos, tiempo, etc.) versus el "cambio de juego" (que requieren mayores costos y asumen mayores riesgos), los líderes senior están continuamente presionados para entregar la "innovación revolucionaria" a las partes interesadas de la organización. Desafortunadamente, esta demanda es a menudo contraproducente.

Por ejemplo, el rediseño de un proceso puede verse como un "cambio de juego", sin embargo, las estadísticas muestran que los efectos combinados de las mejoras incrementales, con el tiempo, generarán resultados finales mucho mayores sin los riesgos y demandas de recursos de una revisión de mayor envergadura.

No lo tires por encima del muro

Lanzar una iniciativa de mejora continua generará una avalancha de ideas de mejora desde la línea de frente. Una vez que sus colegas aprenden que el esfuerzo es real, no hay forma de frenar su entusiasmo y flujo constante de buenas ideas. El viejo dicho "ten cuidado con lo que deseas" puede venir a su mente mientras revise la pila de sugerencias, algunas factibles, otras no.

Hemos aprendido a prepararnos para este ataque al desarrollar un proceso para evaluar e implementar ideas de mejora mucho antes del lanzamiento de un programa.

Los seis aspectos de un proceso de mejora eficaz son:

1. Capturar ideas de mejora y utilizar el método de la gestión visual para el seguimiento.

2. Evaluación de impacto – pros y contras – necesidades y factibilidad.

3. Tener un proceso de aprobación o rechazo dando respuesta a las personas que sugirieron las ideas.

4. Implementación a través del ciclo PDCA.

5. Premiación y Reconocimiento de las ideas implementadas.

6. Evaluar si la mejora se puede implementar en otras áreas.

Otro método de implementación que nos gusta es el enfoque de "simplemente hágalo". Si la persona o el equipo recomienda una mejora que luego se aprueba y tiene la capacidad de implementarla de manera segura, entonces está autorizado a seguir adelante y "simplemente hacerlo". Sin demora, ¡simplemente hágalo!

Solicitud de ayuda: traiga a los profesionales

Un escenario común que inhibe el enfoque de "simplemente hazlo" es que las personas que sugieren la idea de mejora carecen del conjunto de habilidades o la autoridad necesaria para realizar los cambios requeridos. Es posible que algunas mejoras se transfieran necesariamente a un departamento diferente, tal vez Recursos Humanos, Mantenimiento, Tecnología de la Información, etc., o incluso a un proveedor externo. En esta coyuntura, la implementación se vuelve más complicada. Cada uno de estos departamentos tiene sus propias responsabilidades, prioridades, financiamiento y problemas de personal en curso, así como burocracias que batallar.

Reconozca que el cronograma para la implementación puede volverse impredecible. Estos retrasos con frecuencia causan fricciones entre los grupos de interés cuando se retrasa el cronograma de implementación. Esta imprevisibilidad puede llevar a que los colegas se desilusionen mientras proporciona a los detractores de la iniciativa de mejora continua evidencia de que "esto es solo palabrería". *Inocule a sus colegas reconociendo esta probabilidad y advirtiéndoles antes de que se arraiguen las expectativas. Este es el mundo real y es de esperar un nivel de imprevisibilidad.*

Falta de una persona designada de Mejora Continua

Muchas organizaciones son demasiado pequeñas o no pueden permitirse contratar a una persona que se centre únicamente en la mejora continua. Este es un problema desafortunado, pero real. Si bien es cierto que la mejora continua es tarea de todos, todavía es necesario que alguien encabece las iniciativas y dirija el proceso hacia ese fin. Si esta es su situación, considere detenidamente quién es la punta de lanza y cómo se puede apoyar a esa persona.

Encontrando los partidarios necesarios

En organizaciones con una estructura plana y recursos limitados, el líder del sitio a menudo se convierte en el líder de mejora continua predeterminado. Estas personas suelen tener la autoridad para asignar proyectos al personal y exigir la rendición de cuentas. El desafío principal en las organizaciones más pequeñas no es la voluntad o la capacidad para abordar los esfuerzos de mejora; más bien, es la falta de tiempo disponible del personal. Independientemente del contexto, la necesidad de mejorar continuamente no va a desaparecer y esperar por más personal y recursos es una mala opción.

Descubrimos que la creación de un "comité directivo" de mejora compuesto por personal influyente y colegas de línea de frente puede ayudar a compensar algunos déficits en las demandas de mano de obra y tiempo. Involucrar a otros en la identificación de oportunidades de mejora, desarrollar planes juntos para la implementación y rotar las responsabilidades del proyecto entre varios colegas puede minimizar la sobrecarga de trabajo y mantener el apoyo necesario.

Sin un Líder de Mejora Continua "de tiempo completo", es probable que los esfuerzos de mejora avancen a un ritmo más lento, pero se puede avanzar creando un grupo más grande de dueños de proyectos y distribuyendo las tareas entre más colegas. Si sus colegas son realmente parte de la planificación y las tareas y responsabilidades adicionales se comparten equitativamente, es probable que estos esfuerzos tengan éxito.

Una imagen vale más que mil palabras - Planta Ford Rouge

Llevar el cambio a un lugar de trabajo maduro y estático requiere planificación y esfuerzo adicionales. Con cada día que pasa, la cultura predominante dentro de esa organización se afianza más. El cambio no es fácil y con muchos esfuerzos de mejora, se requieren algunos cambios en la cultura (hábitos de trabajo).

Esta historia detalla cómo ayudar a otros a ver lo que realmente implican los cambios marcó la diferencia entre el éxito y el fracaso.

De 1990 a 1997, fui el líder del Sindicato Local 600 de United Auto Workers (UAW) que representaba a unos 10,000 miembros en la planta de Ford Rouge. El Rouge, un entorno estridente de aversión al cambio, constaba de varias operaciones de fabricación distintas que iban desde la fabricación de acero hasta el ensamblaje de automóviles.

En ese momento, la planta de motores Rouge necesitaba desesperadamente un nuevo modelo de motor de reemplazo para seguir siendo un sitio de fabricación viable para Ford. Ford tenía varias plantas de fabricación de motores ubicadas en todo el mundo que podían producir este nuevo motor; cada uno de estos sitios era más eficiente y competitivo en costos que Rouge.

Para que la Planta de Motores de Rouge se adjudicara este nuevo producto, se requirieron cambios significativos y sustanciales en las prácticas de trabajo. No es sorprendente que la resistencia al cambio fuera intensa y compartida por muchos empleados de la planta, líderes sindicales y funcionarios de la empresa.

Para demostrar la necesidad de realizar estos cambios, Ford y la UAW organizaron que los líderes sindicales clave y el personal administrativo visitaran cuatro instalaciones de fabricación de motores Ford. Durante estas visitas al sitio, los líderes sindicales y los gerentes de Ford exploraron juntos los nuevos procesos de fabricación y las prácticas laborales empleadas allí. Ver estos enfoques más actualizados para la fabricación de motores y conocer a los diversos grupos administrativos y sindicales en estos otros sitios iluminó a nuestro equipo de descubrimiento. Al observar de primera mano los cambios que eran necesarios para seguir siendo competitivos, se brindó el camino para la implementación tanto a la gerencia como a los líderes sindicales. Las partes acordaron los cambios necesarios y el nuevo motor fue adjudicado a Rouge Engine Plant.

Relacionamos este ejemplo real de una imagen que vale más que mil palabras para demostrar el valor de ver y experimentar cómo se verán ciertos cambios para la gerencia y los empleados. Si su iniciativa de mejora o cambio es importante, considere visitar un lugar similar que haya implementado el cambio. Si una visita no es práctica, invite a un vocero experto del sitio para que se reúna con su equipo, comparta consejos y describa las lecciones aprendidas. Ayudar a otros a "ver" puede acelerar su iniciativa.

Medir el cambio de comportamiento para la mejora y la sostenibilidad

A medida que se integran nuevos comportamientos en las rutinas de trabajo diarias, semanales y mensuales, es una buena práctica identificar métricas para cuantificar estos nuevos comportamientos. Debido a que los comportamientos reflejan la cultura de una organización, las medidas correspondientes son puntos de referencia para el progreso, identifican oportunidades para el entrenamiento, definen los próximos pasos y vinculan recompensas y reconocimiento.

Las medidas típicas de desempeño, como la calidad, el rendimiento y la rentabilidad, pueden reflejar cambios de comportamiento; la siguiente lista proporciona ejemplos de impulsores adicionales en el desarrollo de una cultura de mejora continua en el lugar de trabajo.

Acciones de resolución de problemas.	Riesgos de seguridad identificados.
Causas raíz identificadas.	Oportunidades de recompensa y reconocimiento.
Problemas recurrentes eliminados.	Sesiones de Coaching.
Proyectos Kaizen.	Proyectos Six Sigma completados.
Auditorías 5S.	PEO (Procedimientos de Operación Estándar) actualizados.
PDCA completados	Ideas de mejora implementadas.

APRENDIZAJES

Cada uno de nosotros, comprometidos en la mejora continua, acumula con el tiempo, una serie de antídotos a los que acceder cuando surgen problemas.

Nosotros mantenemos estos 9, listos y, esperamos que usted los encuentre útiles en su trabajo.

SECCIÓN 4

COMPARTA SU HISTORIA

En esta sección, compartimos cinco perspectivas de colegas muy respetados que trabajan en lugares geográficamente dispersos. Cada uno ha trabajado en el campo de la mejora continua durante décadas; sin embargo, su campo de juego es muy diferente.

Esto es lo que tenían que decir al responder a la consulta: **"¿Qué has aprendido a través de la experiencia personal que deseas compartir con otros líderes de mejora continua?"**

La experiencia de **George Byrne** abarca múltiples continentes e industrias como consultor principal para grandes corporaciones (Caterpillar Inc., The LG Group, Johnson & Johnson, British Petroleum), así como también como implementador de mejora continua a nivel ejecutivo.

Rosa Zapata se especializa en cambio organizacional y transformación empresarial. Ha asistido a diversas industrias, empresas mineras e instituciones académicas en toda América Latina desde México hasta Argentina.

El **Dr. Ian Matheson** ha compartido con legiones de gerentes en seis continentes su experiencia y enfoques estructurados para impulsar el rendimiento final y ayudar a las empresas a convertirse en lugares de trabajo verdaderamente excelentes. Actualmente reside en Johannesburgo, Sudáfrica.

Kevin Boyle trabaja con grupos laborales/administrativos en Europa, México y los Estados Unidos en su búsqueda de iniciativas de mejora continua. Formar alianzas, implementar estrategias y transformar relaciones es el corazón de estos esfuerzos de cambio.

Marcos Pavani es ingeniero civil y lidera equipos de mejora continua en Brasil desde hace más de veinte años.

► Sostenibilidad - George Byrne

► Los Cuatro Gremlins – Rosa Zapata

► El poder de la gestión visual: Ian Matheson

► Mejora Continua: Dentro de la granja Gate – Kevin Boyle

► Enfoque en la Visión – Marcos Pavani

SOSTENIBILIDAD

Jorge Byrne

Nictom Consulting Group

Nuestro viaje personal con la mejora continua (MC) en organizaciones ha abarcado toda la gama, desde ser la persona a cargo de un esfuerzo de MC hasta ser consultores de ejecutivos en el "C-suite" en importantes organizaciones y múltiples industrias en todo el mundo. Hemos tenido la suerte de haber tenido experiencias buenas y algunas no tan buenas. Las buenas experiencias nos ayudaron a aprender qué funcionó y qué no funcionó; las experiencias no tan buenas nos enseñaron lecciones sobre personas, procesos y cultura que pueden parecer obvias, pero que a menudo no lo son.

Es bastante fácil iniciar una iniciativa de mejora continua en la mayoría de las organizaciones. A menudo hay una plataforma en llamas, un llamado a la acción, la necesidad de transformar la organización. La miríada de razones para lanzar MC incluye la dinámica del mercado competitivo, las demandas cada vez mayores de los clientes, la economía de la industria, las tendencias tecnológicas e incluso algo tan sencillo pero significativamente importante como la eficiencia y la eficacia de la fuerza laboral.

Pero en retrospectiva, después de más de 30 años en las trincheras de MC, todavía encontramos que uno de los mayores desafíos es mantener el esfuerzo una vez que se ha lanzado. Nuestra experiencia ha demostrado que la euforia inicial, dependiendo de la organización, durará entre 3 meses y un año. El peligro radica en que la iniciativa finalmente se vea como un programa más del día o el sabor del mes.

Hay mucha información en este libro que trata sobre la correlación directa entre el liderazgo y el éxito de la iniciativa. Y en nuestro corazón, creemos que la mayoría de los líderes de iniciativas de MC comienzan con grandes intenciones. Sin embargo, la mayoría no piensa en ello pensando en la sostenibilidad a largo plazo. Un enfoque en los resultados inmediatos impulsa este comportamiento; y si bien los resultados son definitivamente importantes, los líderes también deben pensar desde el principio en cómo mantenerlo en marcha. ¿Cómo hago para que forme parte del ADN de mi organización?

Y esta es una de las cosas que algunos líderes nos han dicho que desearían haber sabido desde el principio en su papel como líderes de MC. Es decir, ¿cómo pueden hacer que esto no sea solo una parte de lo que hacen todos los días, sino que dure? ¿Cómo llegan al punto en que la MC está arraigada en la organización de tal manera que se convierte en un hábito en lugar de una tarea?

Al observar las mejores prácticas de organizaciones con un historial exitoso de MC, se pueden ver algunos puntos en común que impulsaron tanto los resultados a corto plazo como el éxito a largo plazo:

▶ Los líderes de estas organizaciones exitosas ven la MC no solo desde la perspectiva de la implementación técnica, sino más bien desde la perspectiva de la gestión del cambio y de las personas. Hay muchos libros y hojas de ruta que mostrarán una gran cantidad de enfoques y marcos para una implementación de MC. Le proporcionarán a un líder líneas de tiempo un tanto nebulosas junto con acciones o tareas específicas paso a paso que deben llevarse a cabo. También adoptarán filosofías con metodologías conocidas y de marca de organizaciones exitosas. Pero la clave, la verdadera clave, para el sostenimiento es adoptar el enfoque que un líder cree que funcionaría mejor y hacerlo personal para las personas de su organización. Sin la aceptación del corazón y el cerebro de la organización y su gente, la MC nunca podrá sostenerse a largo plazo.

▶ Los esfuerzos de MC adaptados a las necesidades de las unidades de negocios individuales o lugares de trabajo evitan el enfoque de "un método único para todo" para el despliegue e implementación. Dicho de otra manera: una talla única rara vez funciona en organizaciones complejas. Los aspectos que deben cuidarse son demasiado variados. Las personas son diferentes por naturaleza. Los proveedores y vendedores con aportes a los procesos pueden variar. E incluso varios segmentos de clientes pueden tener diferentes necesidades y deseos. Entonces, ¿estamos diciendo que está bien alejarse de las mejores prácticas y técnicas comprobadas cuando un líder implementa MC? ¡Absolutamente no! Piense en la actividad de hornear un pastel de chocolate. Si bien hay algunos ingredientes básicos que son absolutamente necesarios, cada panadero puede adoptar un enfoque diferente sobre cómo se prepara y hornea el pastel. Lo mismo ocurre con la implementación de MC en las organizaciones. Sí, hay algunos ingredientes básicos que usted absolutamente debe tener para el éxito a largo plazo. Pero está bien lanzar e implementar MC de una manera que se adapte a su organización si se incluyen los ingredientes básicos para el éxito.

► Los cuadros de mando de desempeño (Performance Scorecards) se utilizan no solo para mostrar los resultados y celebrar los éxitos. Más bien, se utilizan para facilitar las reuniones de personal y para tomar decisiones sobre a dónde ir a continuación. Este enfoque garantiza que el sistema operativo general de la organización esté completamente alineado para impulsar mejoras y ejecutar estrategias. El sostenimiento a largo plazo de una iniciativa de MC requiere que los líderes miren hacia adelante. El uso de tableros de desempeño o datos simplemente para mirar en el espejo retrovisor no hace más que decirle cómo lo ha hecho. La pregunta más apremiante para los líderes es ¿cómo se desempeñarán en el futuro? ¿Cómo se adaptará a las demandas cambiantes de sus clientes y los mercados a los que sirve? ¿Su gente tiene las habilidades y herramientas adecuadas para ejecutar las estrategias en las que les ha pedido que trabajen?

► Las organizaciones de clase mundial pasan de construir un cumplimiento a corto plazo a un compromiso a largo plazo. Y los líderes de estas organizaciones entienden que la MC es más eficaz cuando la base, las personas que trabajan día tras día para cumplir los objetivos de la organización, reciben las herramientas, la dirección y el empoderamiento para mejorar las cosas.

Los líderes nos han dicho que la MC puede ser algo así como un dilema. Es decir, poner en marcha una iniciativa no es difícil. Con las herramientas adecuadas proporcionadas a los empleados, con la inclusión de las mejores prácticas y los ingredientes para el éxito, y con la mentalidad adecuada, la mayoría de las personas en la mayoría de las organizaciones suelen aceptar inmediatamente la MC. Y habrá algunos resultados inmediatos que merecen celebración. Lo difícil es sostenerlo.

Entonces, ¿cómo puede un líder sostener la MC? Aquí es donde los líderes deben mirar más allá de los marcos de los libros de texto y las historias de éxito iniciales que sin duda tendrán. Aquí es donde los líderes deben comprometerse personalmente no solo a delegar sino a estar visiblemente involucrados en la capacitación y los proyectos de MC. Aquí es donde los líderes demuestran que están comprometidos a largo plazo y que apoyarán los esfuerzos de la línea de frente para mejorar la eficiencia y la eficacia. Este es el momento de evitar lo obvio y profundizar en las respuestas a las preguntas complejas que surgirán. Este es el momento de que los líderes demuestren que la MC es parte de su ADN personal.

El sostenimiento a largo plazo de MC nunca está garantizado. Pero los líderes deben asumir la propiedad para que suceda.

LOS CUATRO GREMLINS

Rosa Zapata
CDI Latin America

Introducción

Son muchos los retos que hay que afrontar en el camino de la mejora continua. Quienes decidan emprender este viaje por el bien de sus negocios, organizaciones o asociaciones, deben tener la habilidad de identificarlos y tener a la mano un plan para mitigar sus efectos lo antes posible. De lo contrario, el progreso podría estar en riesgo.

Como consultores, estamos llamados a brindar asesoría, entrenar y compartir nuestra experiencia y habilidades con el liderazgo de la organización. Tenemos la oportunidad de trabajar con ellos, pero también de aprender de ellos y de la forma en que toman las decisiones finales una vez que se comparten los consejos, el entrenamiento y la experiencia. Este es un proceso iterativo en el que cada parte aprende de la otra. Muchas de esas decisiones están muy relacionadas con los desafíos mencionados anteriormente y cómo se abordarán.

Durante mis años como consultora, he sido testigo de la aparición de desafíos similares, independientemente de la industria o el sector en el que se encuentre la empresa. Estos desafíos comunes se muestran en diferentes etapas del proceso de mejora continua y no diferencian entre equipos estratégicos, sistémicos u operativos. La misión de estos desafíos: retardar el progreso y, en su mayoría están relacionados con el comportamiento individual o empresarial.

Yo los llamo *Los Cuatro Gremlins*[54], y hay que mantenerlos a raya.

Gremlin 1: Silo

Los "silos" describen un entorno organizacional donde el conocimiento y la información no se comparten, por lo que se establece la separación y el aislamiento entre las funciones.

Las condiciones ideales para que aparezca *gremlin Silo* son cuando cada miembro del equipo tiene su propia interpretación de los objetivos, que deben ser alcanzados por el equipo (ver figura 13).

Puede haber diferentes razones para que esto suceda, desde la necesidad de una mejor discusión que conduzca a una visión y/o propósito de equipo más explícito hasta el hecho de que tal vez se requiera más cohesión en el equipo de liderazgo. Independientemente de la razón, el efecto habitual de esta mentalidad de silo es la desalineación en toda la organización, lucha contra incendios entre las unidades de negocio, ausencia de objetivos alcanzables que permitan a toda la organización avanzar, empleados y clientes decepcionados, estrés y más. Es por eso que las condiciones que hacen que Gremlin Silo sea fuerte deben identificarse y abordarse desde el principio.

Aunque la existencia de gremlin Silo puede sonar obvia, me sorprende la frecuencia con la que lo encuentro entrometiéndose en el buen trabajo de gerentes bien intencionados que quieren llevar sus organizaciones a una mentalidad de clase mundial. Existen diferentes mecanismos para evaluar qué tan claro es para cada miembro del equipo el objetivo final y, lo más importante, si se percibe o no como una meta común y el rol que debe jugar cada

---

[54] According to the Oxford dictionary a gremlin is a folkloric mischievous creature regarded as responsible for unexplained malfunctions in aircraft or other machinery.

miembro. La claridad en la organización comienza con la claridad en el equipo directivo.

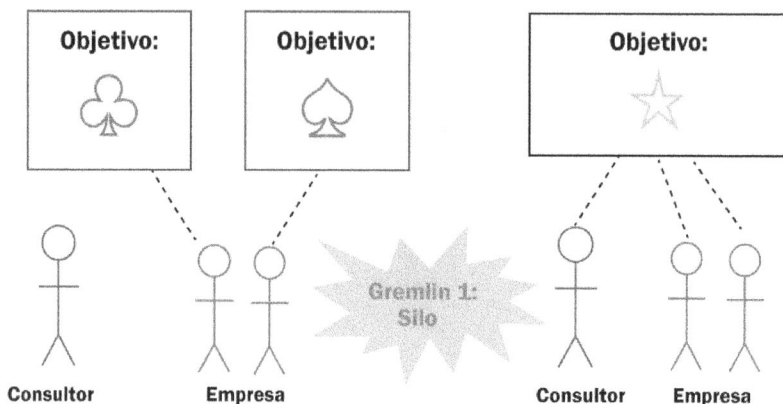

Figura 13. Por lo general, los miembros del equipo tienen diferentes interpretaciones de los objetivos deseados. El papel de un líder de MC es promover la discusión necesaria para que los miembros del equipo acuerden una "imagen común" de cuál es la meta. Esto ayuda a fortalecer la cohesión y la confianza no solo entre los miembros del equipo, sino también con el consultor o líder de MC cuyo papel es ayudarlos.

Gremlin 2: Inercia

En física[55], la inercia es una propiedad de la materia por la cual continúa en su estado actual de reposo o movimiento uniforme en línea recta, a menos que ese estado sea cambiado por una fuerza externa. Y, según el diccionario de Oxford[56], es una tendencia a no hacer nada o a permanecer inmutable.

---

[55] www.merriam-webster.com/dictionary/inertia.

[56] Oxford English Dictionary. Oxford University Press; Edition: 7 (2012).

Una vez que el equipo tiene una imagen común de lo que quiere lograr, se acuerdan las acciones para seguir adelante, y este es el momento en el que suele atacar *gremlin Inercia*. En un entorno empresarial, la Inercia se manifiesta en forma de inacción; en palabras más simples, es cuando un miembro del equipo no hace lo que se comprometió a hacer por el equipo. Alternativamente, se presenta en forma de acciones no acordadas, es decir, hacer algo que no mueve al equipo en la dirección deseada (ver figura 14).

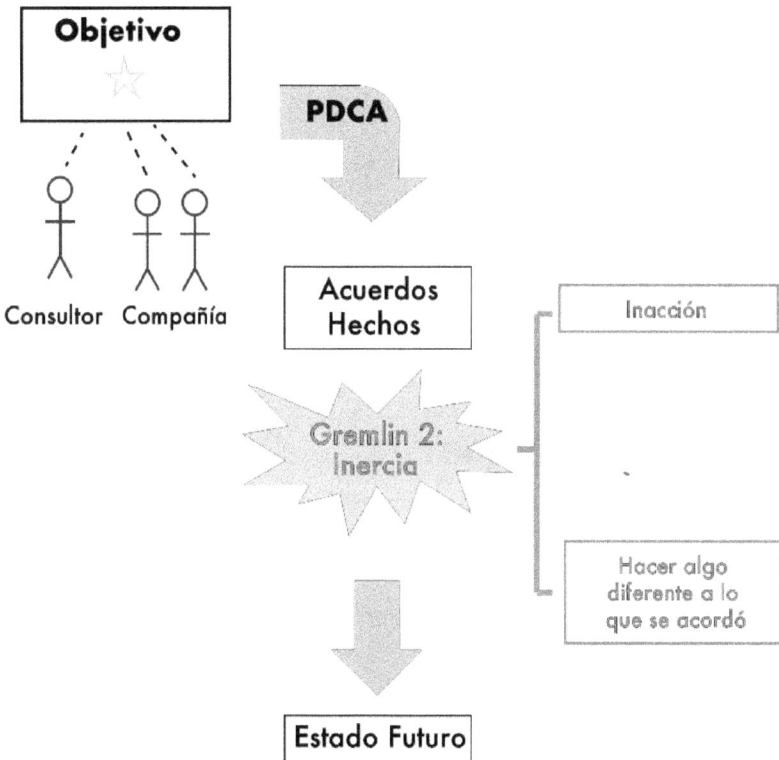

Figura 14. Los dos tipos de Inercia están presentes en un viaje de mejora continua.

Tener un objetivo común no significa que todos se estén moviendo a la misma velocidad para lograrlo. La inacción florece en ausencia de un sentido de urgencia, como explica el Sr. John Kotter en su libro[57], y particularmente, cuando las actividades del día a día ahogan las prioridades a largo plazo. Tampoco ayuda cuando no hay roles o responsabilidades claros en el equipo.

Por otro lado, las acciones no acordadas suelen ser el resultado de viejos hábitos o comportamientos como planificar de forma tradicional, cuando la acción acordada no se entiende del todo pero no existe un nivel de confianza suficiente dentro del equipo para que se sientan cómodos a hacer preguntas o desafiar una acción específica todavía, o es simplemente una expresión de una resistencia pasiva al cambio.

Para vencer la inercia en el equipo, se requiere un liderazgo veraz, activo y visible para impulsar el trabajo en equipo, hacerse responsables unos a otros, elevar los estándares y eliminar la armonía superficial. Un camino para desarrollar un liderazgo saludable que apoye la estrategia de la organización es imprescindible. Después de todo, el trabajo en equipo es la máxima ventaja competencia.

Gremlin 3: Desconexión

Al introducir una nueva iniciativa, particularmente una de mejora continua, es fundamental considerar el esfuerzo en su totalidad, no los elementos individuales. *Gremlin Desconexión* aparece cuando se pierde la conexión entre cada faceta de la iniciativa.

Cuando los segmentos de una iniciativa de mejora continua se abordan como un esfuerzo singular, ciertos aspectos importantes de ese proyecto a menudo quedan sin resolver. Por ejemplo, al implementar un nuevo software, esto podría significar asegurarse

---

[57] John Kotter *A Sense of Urgency*. (Cambridge: Harvard Business Review Press; 2008.)

de que el software se personalice para satisfacer las necesidades comerciales. (*gestión de proyectos*)

Sin embargo, no es suficiente considerar únicamente los elementos técnicos del proyecto. Es necesario gestionar también el lado de las personas (*gestión del cambio*). Comprender cómo reaccionan las personas ante el cambio y tener un plan para ayudarlos a enfrentarlo es clave para el éxito de cualquier proyecto. Las personas reaccionan de manera diferente al cambio y, en última instancia, esto determina la velocidad a la que la organización adopta por completo la nueva iniciativa.

Hay otro aspecto a considerar. El progreso realizado tanto en el lado técnico como en el lado de las personas del proyecto requiere un liderazgo activo y visible de aquellos interesados en traer el cambio a la organización (ver Figura 15). *Liderazgo activo y visible* significa no evitar las conversaciones incómodas necesarias para crear un sentido de urgencia, facilitando los recursos necesarios para llevar a cabo el cambio, generando confianza y promoviendo roles claros y responsabilidad durante el proceso. También significa reconocer lo más fuerte posible a aquellos que avanzan más rápido en la aceptación y el dominio del cambio para dar ejemplos vivos de cómo se ve el estado futuro. También proporciona una buena manera de construir la nueva cultura celebrando el éxito.

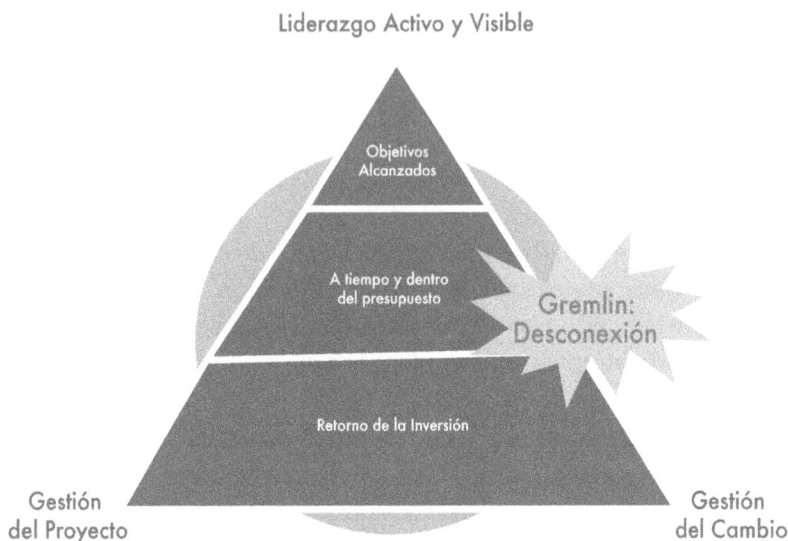

Figura 15. Tres elementos para un viaje exitoso de mejora continua.

Gremlin 4: Escepticismo

"Dame una palanca lo suficientemente larga y un punto de apoyo sobre el que colocarla, y moveré el mundo".

Arquímedes.

Independientemente de la metodología de mejora continua utilizada, si no hay suficientes personas detrás de esa metodología, viendo el beneficio de la misma, apoyándola, entendiéndola, practicándola y ayudando a otros, es posible que no dure mucho.

A este número de personas se le llama "masa crítica". Son una fuerza dentro de la organización lo suficientemente fuerte como para neutralizar cualquier intento de volver a las viejas costumbres por parte de aquellos que siguen al *gremlim Escepticismo* y no ven una necesidad real de cambiar, particularmente cuando sus comportamientos o creencias anteriores les ayudaron a tener éxito en algún punto en sus carreras, me gusta pensar en esos defensores del cambio como una "palanca" en la organización (ver Figura 16).

Ayuda a mantener bajo control la mentalidad de *Silo*, *Inercia* y *Desconexión* crear una masa crítica lo suficientemente grande. Al final del día, estamos hablando de mejorar la cultura organizacional y se necesita la participación de todas las personas.

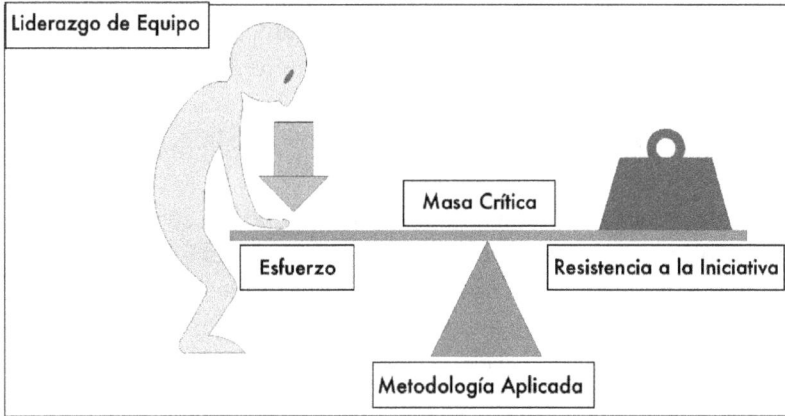

Figura 16. Cuanto mayor sea la masa crítica, más rápido se aceptará y dominará el cambio.

Ideas para la reflexión

▶ La claridad en la organización comienza con la claridad en el equipo directivo.

▶ Una iniciativa exitosa de mejora continua se basa en tres elementos básicos: un liderazgo activo y visible, un proceso de gestión del cambio y un enfoque de gestión de proyectos.

▶ La inacción y la realización de acciones no acordadas son formas de inercia en la organización.

▶ Un aspecto clave del proceso de gestión del cambio es trabajar para lograr la masa crítica.

APROVECHAR EL PODER DE LA GESTIÓN VISUAL

Dr. Ian Matheson

CDI - África-Oriente Medio-América

Este artículo examina ciertos elementos humanos que diferencian el éxito y el fracaso en el lugar de trabajo. El enfoque no es introducir nuevas herramientas y técnicas de proceso, sino explorar comportamientos de liderazgo exitosos.

Un diferenciador clave es la Habilidad. Lewis Hamilton probablemente podría navegar por el circuito del Gran Premio de Mónaco más rápido en un MiniCooper que el automovilista promedio que conduce el Mercedes de alto desempeo de Hamilton. Un Coach habilidoso tendrá un éxito significativamente mayor que un novato. Un líder hábil abordará los conflictos, manejará el desempeño deficiente, reconocerá el desempeño excepcional, promoverá el compromiso de los trabajadores mucho más que un novato.

Entonces, ¿qué podemos hacer como facilitadores de mejora continua para que habiliten a los gerentes a dar resultados a un nivel superior? Un aprendizaje importante que podemos compartir es el poder de la gestión visual (un método para comunicarse visualmente) como nuestro aliado en la búsqueda. Si el mensaje es sucinto, el poder es inmenso.

Los jóvenes escolares son recompensados con estrellas doradas o plateadas por su buen desempeño, a veces incluso se les aplica en la frente cuando se van al final de las clases. A veces, los mejores en desempeño reciben etiquetas para poner en la ventana del automóvil de sus padres para mostrar que han sobresalido. Estos indicadores visuales desencadenan un ciclo virtuoso, incitando al niño a continuar con los buenos esfuerzos. Se requiere la habilidad del personal docente para garantizar que los alumnos de bajo desempeño continúen motivados para mejorar.

En el mundo de los negocios, empleamos exactamente las mismas prácticas. Muchos lugares de trabajo muestran imágenes de sus mejores empleados como reconocimiento. He visitado sitios en Filipinas y Japón donde mostraban imagenes de una pistas de carreras en el lugar de trabajo. A cada miembro del equipo se le asignó un carril separado y su marcador se movió hacia adelante cada vez que se implementó una de sus sugerencias. Hubo una competencia enérgica para encontrar soluciones innovadoras a los desafíos empresariales.

El desempeño negativo se puede destacar de manera similar. La acción que no se completa en una fecha de vencimiento puede destacarse. Se pueden indicar los persistentes retrasos en las reuniones, con el fin de motivarlos a hacer un poco más de esfuerzo para llegar a tiempo.

El beneficio de las herramientas visuales, como estas, es que se presentan los *hechos* y no simplemente la visión del líder. Un cuadro de licencia mostrará quién desea tomar una licencia en días específicos, y si se requiere un número mínimo de personas para operar el negocio, queda claro que solo un número específico puede estar ausente en cualquier momento. El líder del equipo no está obligado a tomar la decisión de que un miembro del equipo no puede tomar tiempo libre durante un período de vacaciones intenso.

Por supuesto, las últimas medidas visuales de rendimiento son los gráficos que presentan los KPIs. Aquí, se aplican ciertas reglas. Las imágenes deben ser fáciles de entender. Deben realizar un seguimiento de los indicadores de acción (lead) y no de rezago (lag), de modo que el equipo esté facultado para influir en el resultado. Los miembros deben saber que la gerencia está allí para ayudarlos cuando tienen dificultades para alcanzar el objetivo.

Llegan a saber que "un fracaso es un tesoro", es decir, una oportunidad de aprendizaje para mejorar en el futuro, y que esto es entendido por la gerencia.

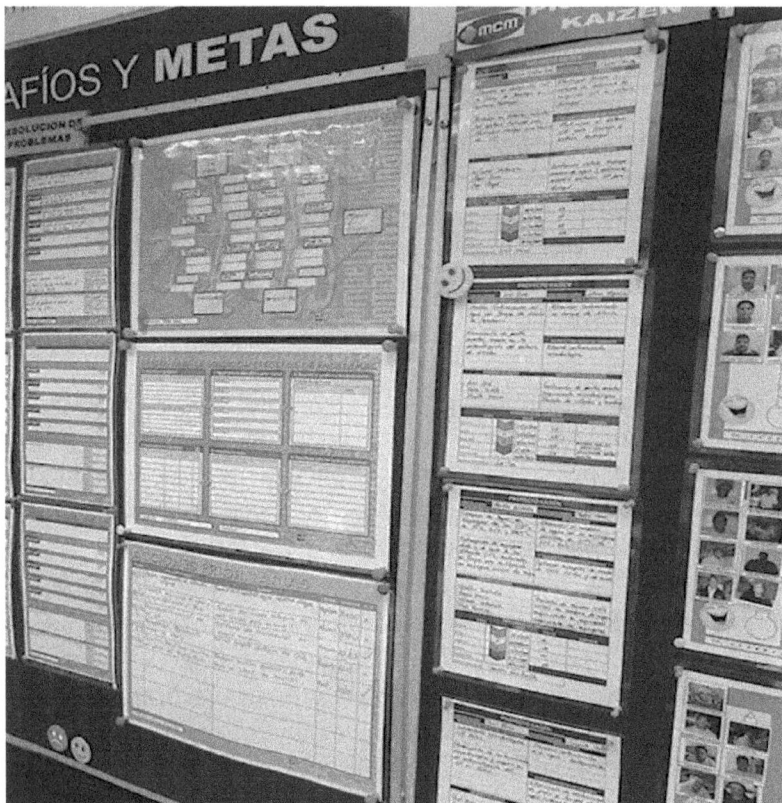

El beneficio de herramientas visuales como estas es que se presentan hechos y no simplemente la visión del líder.

Los gerentes juegan un papel clave para ayudar al equipo a identificar buenas medidas. El volumen de ventas es una medida común, pero bastante ordinaria. Tal vez los mejores objetivos pueden ser las visitas de ventas, el tiempo de respuesta a las consultas o los plazos de entrega, que a su vez pueden afectar el volumen de ventas, un indicador de rezago (lag). Número de accidentes es otra medida ordinaria. La medición de cuasi-accidentes, las observaciones de seguridad en el trabajo o incluso la programación de sesiones informativas interactivas de concientización pueden ser más apropiadas para el personal de primera línea. El número de unidades procesadas o producidas por día es ordinario. Un pequeño ejercicio de resolución de problemas podría acercar al equipo al "botón mágico" que impacta en los resultados finales. Estos podrían ser los tiempos de cambio, las tasas de finalización del programa de mantenimiento o incluso la hora en que el proceso estuvo en funcionamiento al comienzo del día. Las medidas de rezago (lag) aún son de importancia crítica y deben ser rastreadas, pero el verdadero foco de atención está en trazar el progreso de los impulsores clave. Cuando el desempeño se registra en un archivo físico o en una hoja de cálculo de computadora, estamos <u>midiendo</u> efectivamente el desempeño, pero el rol del equipo es <u>administrar</u> el desempeño. Esto puede ser mucho más eficaz cuando el rendimiento es inmediatamente visible.

Hoy en día, se alienta a todos los miembros del equipo a participar activamente en el negocio. Para hacerlo, deben contar con el apoyo de su gerente, comprender claramente la visión y los objetivos de la organización y su papel para ayudar a alcanzarlos. Brindar a los colegas comentarios sobre el desempeño actual y los recursos que necesitan les permite cumplir con las expectativas. Cuando se cumplen las expectativas, se debe otorgar el reconocimiento apropiado. Ninguno de estos aspectos fluye automáticamente de la herramienta visual. Cada uno debe ser entregado cuidadosamente por un líder empático transparente.

La gestión visual puede llegar a ser una herramienta poderosa, pero es solo una de muchas en el vasto arsenal de mejoras de hoy día. En nuestro papel como especialistas en mejora continua, somos el catalizador para el aprendizaje y el crecimiento continuos, ayudando a los líderes a ser más efectivos y utilizar el poder de las herramientas a su disposición.

Referencias:
1. Putwain. Revista de gestión ajustada. 9 de junio de 2015.
2. Szwejczewski y Marsh. Universidad de Cranfield. Escuela de Administración. marzo de 2012

MEJORA CONTINUA:

DENTRO DE LA GRANJA GATE

Kevin Boyle
Equitable Food Initiative

Durante más de cuatro décadas, he liderado esfuerzos de mejora continua con varias organizaciones en los EE. UU., Europa y México. Sin embargo, durante esta última década, me he centrado principalmente en trabajar con hombres y mujeres en la industria de productos agrícolas de los Estados Unidos.

Los productos estadounidenses abarcan una gran parte de la agricultura de los EE. UU. y entregan frutas y verduras frescas y procesadas a las mesas de todo el país. En los EE. UU., el mercado de frutas y verduras se valoró en $ 104,7 mil millones en 2016. Se espera que esta cifra alcance los $ 1,1 billones para 2025, según un informe de Grand View Research, Inc.[58] En cuanto al empleo, las estimaciones varían. Según los expertos, hay aproximadamente de 2,5 millones a 3 millones de trabajadores agrícolas (NCFH 2018) y otro medio millón de empleos minoristas asociados con la industria.[59]

---

[58] Grand View Research. U.S. Fruit & Vegetables Market Size, Share & Trends Analysis Report 2018-2025. 2018

[59] Tamar Haspel. "In an Immigration Crackdown, Who Will Pick OurProduce?" *Washington Pos.*, March 17, 2017.

Industria mundial

La industria de productos agrícolas estadounidense opera en una economía global con un comercio relativamente libre. Este estatus permite la competencia desenfrenada de países con salarios más bajos, algunos con mínima consideración por las medidas de salud y seguridad, compitiendo directamente por los consumidores estadounidenses. Los desafíos de hoy para competir y ganar en el mercado requieren el compromiso, la cooperación y la participación de los cuatro eslabones clave en la cadena de producción: trabajadores agrícolas, productores, minoristas y consumidores.

Explorando una idea sin precedentes

En 2008, detrás del liderazgo y la visión de **Costco Wholesale**, una corporación multinacional estadounidense que opera una cadena de clubes de almacenes solo para miembros, **United Farm Workers**, un sindicato de trabajadores agrícolas en los Estados Unidos, y **Oxfam America**, una confederación de 20 organizaciones benéficas independientes, se unieron para explorar una idea poco convencional:

¿Podrían los diversos intereses en la industria de productos agrícolas alinearse en nuevas formas para ofrecer una mayor garantía de condiciones de trabajo justas para los trabajadores agrícolas y una mayor seguridad alimentaria?

Durante los siguientes tres años, esta pregunta fue explorada a fondo por representantes de cada uno de los grupos de interés, presentando los valores y la agenda de su organización.

Este nivel de colaboración no tenía precedentes en la industria de productos agrícolas y, al brindar la misma voz a cada grupo de

---

https://www.washingtonpost.com/lifestyle/food/in-an-immigration-crackdown-who-will-pick-our-produce/2017/03/17/

partes interesadas, llegaron a un propósito común y ciertos principios básicos:

Propósito: *proteger a los trabajadores agrícolas, los consumidores y la viabilidad a largo plazo de la industria de productos frescos.*

Principios básicos: *mejora continua, inclusión de la voz del trabajador y estándares rigurosos desarrollados a través de la participación de múltiples partes interesadas.*

La Iniciativa de Alimentos Equitativos

Entre 2011 y 2014, un grupo piloto de cuatro proveedores de productos agrícolas de Costco acordó probar el concepto. Estas primeras cuatro operaciones fueron certificadas, luego de adaptar con éxito los estándares laborales, de seguridad alimentaria y de control de plagas a través de la capacitación para el desarrollo de la fuerza laboral y la verificación del cumplimiento por parte de los trabajadores.

Habiendo probado el concepto, las partes interesadas participantes acordaron lanzar una empresa independiente sin fines de lucro en 2015, específicamente para continuar y expandir este esfuerzo: The Equitable Food Initiative. *La misión de EFI: Reunimos a productores, trabajadores agrícolas, minoristas y consumidores para transformar la agricultura y mejorar la vida de los trabajadores agrícolas.*

Claridad de Propósito

Con nuestra misión acordada, los representantes de cada uno de los cuatro grupos de interés identificaron los beneficios que esperaban lograr a través de la colaboración y la cooperación.

BENEFICIO DE GRANJEROS	BENEFICIO DE CULTIVADORES	BENEFICIO DE MINORISTAS	BENEFICIO DE CONSUMIDORES
Bonos premium pagados por los minoristas. Las condiciones de trabajo mejoraron. Formación profesional y oportunidades de crecimiento desarrolladas. Se garantizan lugares de trabajo respetuosos, seguros y libres de acoso.	Se redujeron los desafíos de reclutamiento y aumentaron las tasas de retención. Se logró la colaboración de la fuerza laboral para la innovación y la resolución de problemas. Comunicaciones y procesos de trabajo optimizados. Nuevos estándares y prácticas ambiciosas en las granjas ejecutadas de manera constante y duradera.	Protocolos de seguridad alimentaria y condiciones de trabajo respetuosas aseguradas. Se satisfizo la demanda de los consumidores de prácticas comerciales socialmente responsables. Proveedores socialmente responsables examinados e identificados. Productos protegidos de la contaminación, riesgos reducidos de retiros del mercado y enfermedades transmitidas por los alimentos. Reducción del riesgo de enfermedades transmitidas por los alimentos.	Compras basadas en valores ofrecidas por minoristas responsables fácilmente identificables.

Estos criterios sirven como medidas continuas de éxito para Equitable Food Initiative.

Desafíos

Ampliar esta iniciativa más allá de cuatro sitios piloto generó un escepticismo honesto entre las partes interesadas. ¿Podría EFI o cualquier organización bien intencionada crear equipos de mano de obra/administración en las fincas y capacitar a los trabajadores agrícolas para participar en esfuerzos de mejora continua?

Este escepticismo se basaba en la larga historia de la estructura tradicional de gestión de mando y control que prevalecía en toda la agricultura. Para muchos era difícil imaginar un entorno en el que los trabajadores agrícolas temporales participaran activamente con sus supervisores en la resolución de problemas y la identificación e implementación de ideas de mejora. Los supervisores eran cerebros y los trabajadores agrícolas eran la fuerza.

Al escepticismo se suma el hecho de que la mayoría de los trabajadores agrícolas tienen una educación formal limitada, lo que hace que la lectura y la escritura sean desafíos adicionales (el grado medio más alto de la escuela completado es el sexto grado), el 53 % son indocumentados (sin autorización legal para estar en el país) y están los empleados temporales a menudo se desplazan entre granjas, cultivos y viviendas.[60]

Entrenamiento requerido

Para superar estos desafíos y generar confianza en nuestro enfoque, la necesidad de capacitación era obvia. Nuestro grupo identificó capacitación específica para permitir que tanto los supervisores como los trabajadores agrícolas trabajen juntos de manera más efectiva. Inicialmente comenzamos con capacitación

---

[60] SAF - Student Action with Farmworkers. United States Farmworker Factsheet. August, 2020. https://saf-unite.org/content/united-states-farmworker-factshee

diseñada para establecer confianza y colaboración. Luego nos enfocamos en el pensamiento innovador requerido para la resolución de problemas y las oportunidades de mejora continua.

La propuesta era comenzar capacitando a los trabajadores de primera línea y supervisores para prepararlos para trabajar juntos para garantizar el cumplimiento de las normas laborales, de seguridad alimentaria y de control de plagas. Esta fórmula, además de ampliar la responsabilidad de cumplimiento, mejoraría la calidad y los resultados empresariales, fomentar el compromiso de los empleados y descubrir oportunidades de mejora.

Mejora continua en acción

Un equipo de mejora continua en California se puso a trabajar para mejorar la recolección, el empaque y la distribución de fresas a los minoristas más grandes del país. Cuando se entrega una carga de productos agrícolas en un semirremolque desde la granja al centro de distribución minorista, se somete a pruebas de calidad, estrés (determina la vida útil) y seguridad alimentaria. Se toman muestras de cada camión y se prueban. Si alguno de estos criterios no cumple con los estándares del minorista, se rechaza todo el camión. Se estima que una semi-carga de fresas tiene un valor aproximado de $40,000.

En esta finca, se rechazaban un promedio de 3-4 camiones al mes. El equipo de mejora continua necesitaba aplicar una estrategia integral de resolución de problemas para abordar este problema. Desde su perspectiva inicial se limitó a la del trabajo de campo y el enfriador de frutas solamente. Se necesitaban más datos para realizar un análisis exhaustivo de la causa raíz. Para recopilar estos datos, el equipo de MC ahora pasó a observar la cosecha de la fruta, la carga en camiones de campo, la descarga en el enfriador de campo y la carga de las bayas en el semirremolque que entregaría la fruta a los centros de distribución de los minoristas al día siguiente.

A continuación, se invitó al equipo de MC a recorrer el centro de distribución. A su llegada, el minorista proporcionó al grupo una descripción general de cómo determinan si los productos cumplen con los requisitos de calidad, vida útil y seguridad alimentaria. Luego, observaron cómo se descargaban sus bayas y se realizaban pruebas de muestra. Durante todo el tiempo, los miembros del equipo tomaron notas y cuestionaron cada paso del proceso. Los miembros del equipo también adquirieron experiencia de primera mano, ya que se les permitió probar personalmente las bayas con un termostato. La gerente de Control de Calidad del Centro explicó que, a través de esta prueba, podría determinar si las bayas sufrieron estrés por calor antes de enfriarse, lo que afectaría directamente la calidad de vida útil. Esta nueva conciencia, entre los miembros del equipo de MC, generó debates entusiastas durante el resto de la gira.

A la mañana siguiente, el equipo de MC se reunió, compiló y organizó los datos que habían recopilado, analizando cada paso del proceso. Ahora, con una comprensión más completa, el equipo reconoció que la larga tradición de los que trabajan en el campo tomando descansos y almorzando al mismo tiempo contribuía a la probabilidad de que las bayas sufrieran estrés por calor.

El minorista proporciona al equipo de CI una descripción general de cómo determinan si los productos cumplen con sus requisitos de calidad, vida útil y seguridad alimentaria.

El equipo de MC recomendó la siguiente solución:

escalonar los descansos para que siempre haya alguien disponible para conducir el camión con bayas al enfriador y alguien disponible para ayudar a descargar en el enfriador. Al hacerlo, cuando se completaban los descansos, siempre había un camión vacío con cajas nuevas esperando.

Después de la implementación exitosa de los descansos escalonados, el equipo de MC recomendó agregar una cuadrilla adicional de camiones para que hubiera recolección, empaque y control de calidad continuos en el campo. Este cambio mejoró aún más la calidad y la productividad, ya que los trabajadores, a los que se les pagaba por pieza, no necesitaban apresurarse para asegurar, registrar y cargar la calidad de sus bayas. Siempre había un camión vacío que llenar.

Impacto en el problema: Como resultado de esta singular iniciativa de MC, dentro de las seis semanas posteriores a la implementación, no hubo rechazos por el minorista. Los ahorros de la compañía promediaron $120,000-$130,000 por mes.

Resultados positivos verificados

En 2017-2018, BSD Consulting inició un estudio de dos años para evaluar el impacto de la iniciativa EFI. BSD realizó 19 visitas a fincas, realizó 21 grupos de enfoque, analizó 81 informes de auditoría y realizó 476 entrevistas. Su estudio encontró que "el modelo EFI está mejorando las condiciones de trabajo, desarrollando habilidades en los trabajadores y gerentes, fortaleciendo los sistemas de gestión, mejorando el desempeño comercial y, en última instancia, creando un cambio cultural dentro de las organizaciones de productores".[61]

En palabras de Shawn Hartley, propietario y vicepresidente de Onions 52: "EFI nos ha ayudado a maximizar nuestra eficiencia en todos los aspectos de nuestro programa y áreas de trabajo. El modelo EFI les dio a los trabajadores una voz y una forma de compartir sus ideas y nos ayudó a trabajar juntos para

[61] BSD Consulting . "EFI's Worker Engagement Model Creates Positive Outcomes for Growers." November, 2019. https://equitablefood.org/latest-news/two-year-study-quantifies-equitable-food-initiative-program-effectiveness/

implementar mejoras, tomando una operación eficiente y haciéndola aún mejor".

Hoy hay 60 ubicaciones certificadas por Equitable Food Initiative, con más de 50,000 trabajadores en fincas con equipos de EFI y más de $10 millones pagados en bonos para trabajadores.

Mirando hacia el futuro

La mejora continua ha sido una parte integral de los esfuerzos de Equitable Food Initiative desde su creación. Comprometerse a mejorar continuamente alienta a todos en la cadena de producción a progresar. La capacitación que se brinda fomenta la confianza y la colaboración, lo que permite a las partes interesadas participar en el monitoreo constante de los problemas de salud y seguridad, mano de obra, manejo de plagas y seguridad alimentaria y proporcionar el pensamiento innovador requerido para la mejora continua.

Lo que he aprendido al trabajar con los hombres y mujeres que plantan, cultivan, cosechan y entregan productos frescos a nuestras mesas es que los obstáculos percibidos tales como grupos de interés muy diversos, ideas no probadas, jerarquías en el lugar de trabajo, la falta de educación formal, un estatus legal impredecible y la contratación de trabajadores temporales no son barreras en absoluto, sino en realidad "oportunidades de mejora" que esperan Líderes de Mejora Continua comprometidos y creativo para cosechar.

ENFOQUE EN VISIÓN Y METAS

Marcos Pavani
CDI Brasil

L as iniciativas de mejora, los entornos empresariales e incluso las sociedades humanas son en realidad organismos vivos llenos de sistemas interconectados. La salud general del organismo depende de la interdependencia de estos sistemas. Si un sistema falla, sobrecarga o incluso daña el funcionamiento del conjunto.

Por ejemplo, es posible que un corazón enfermo no pueda mantener el flujo sanguíneo de manera adecuada. Esta condición puede sobrecargar el sistema respiratorio y aumentar la presión de los fluidos internos en el cuerpo creando una espiral descendente de salud.

Hago esta pequeña introducción con el fin de compartir parte de mis aprendizajes de toda la vida de la implementación de iniciativas de mejora continua.

Mis primeros días

En 1996, estaba trabajando para una gran empresa multinacional en Brasil. Después de haberme transferido recientemente de la división de agronegocios, me convertí en el gerente de fabricación de la Unidad de Productos para el Cuidado del Hogar. En ese momento, comenzamos a implementar sistemas de mejora basados en filosofías japonesas y Mantenimiento Productivo Total (TPM).

Estas nuevas técnicas de mejora eran completamente desconocidas en nuestra empresa. Las prácticas de trabajo que se estaban introduciendo eran muy disciplinadas y rigurosas. Como resultado, muchos en nuestra organización encontraron estos métodos frustrantes y paralizantes.

Los operadores, supervisores y gerentes tuvieron dificultades para comprender la importancia de:

▶ Evitar pequeñas variaciones en el flujo de producción, que era una de las principales causas de los problemas de calidad cuando no seguíamos un patrón de producción preciso.

▶ La influencia de pequeños desperfectos que pueden generar grandes pérdidas. Ejemplo: pequeñas imperfecciones en productos terminados que resultan en rechazos.

▶ Variables de salida: plazo de entrega prolongado, cronograma de producción irrazonable, alta tasa de inventario, interrupción de la cadena de suministro.

▶ Mejoras de costos: baja eficiencia, personas o máquinas ociosas, reducción de chatarra y pérdidas de energía.

▶ La falta de disciplina en el trabajo estándar (colegas que se desvían de los pasos de fabricación establecidos).

> Después de todo, los resultados del sitio y los resultados generales de la empresa siempre se habían considerado como los mejores del mercado. ¿Por qué deberíamos cambiar? ¿Por qué debemos mejorar lo que ya ha sido reconocido como excelente?

Falta de entendimiendo

La presión gerencial para adoptar nuevos métodos y sistemas no nos permitió sentar las bases adecuadas. Se perdió la oportunidad de explicar a los miembros de nuestro equipo el propósito y los objetivos de nuestras nuevas formas de trabajo. Estábamos enfocados en mejorar los resultados rápidamente.

Nuestros consultores japoneses contribuyeron a esta desconexión centrándose por completo en lo *Que debemos hacer, pero nunca en Por qué debemos hacerlo.*

Durante los siguientes dos años, cada área de nuestro sitio implementó nuevas prácticas siguiendo una agenda rigurosa. Las eficiencias de producción mostraron mejoras impresionantes con resultados de "clase mundial". Las pérdidas materiales se redujeron a menos de 1/3 de los valores originales, se redujeron los incidentes de seguridad y los indicadores de calidad mejoraron drásticamente.

Celebrando el Éxito

¡Habíamos alcanzado muchos logros! ¡La motivación y energía en el ambiente de trabajo era palpable! El equipo que coordinó la implementación del nuevo sistema ahora estaba preparado para las auditorías finales y el reconocimiento del éxito del programa.

En octubre de 1998, la planta fue auditada por nuestros mentores japoneses y en noviembre fue reconocida por haber ganado el Premio a la Excelencia. ¡Todo un logro! La alegría estaba en todas partes. Ser parte de ese éxito fue realmente un gran momento para toda la fuerza laboral.

Nuevos desafios

Sin embargo, el mundo de los negocios no te da mucho tiempo para celebrar. Era necesario planificar para cumplir con los nuevos requisitos en el futuro inmediato. La revisión de las Normas ISO 9000 (normas que ayudan a garantizar que las organizaciones cumplan con los requisitos legales y reglamentarios relacionados con un producto o servicio) ya estaba en la agenda y era muy urgente. El equipo volvió rápidamente al trabajo para implementar estos nuevos estándares.

Finalmente, después de lograr nuestros últimos objetivos ISO, reevaluamos nuestro proceso de mejora galardonado. Inmediatamente reconocimos que habíamos perdido mucho de lo que se había logrado. Algunas de las mejores eficiencias ya no eran satisfactorias. Los problemas de calidad y las pérdidas de productos que estaban bajo control ahora estaban reapareciendo.

¿Qué salió mal?

Para cumplir con las nuevas normas ISO, se ordenaron cambios en nuestros nuevos procesos de trabajo refinados. Los plazos dictaron nuestras decisiones y rápidamente implementamos los requisitos necesarios; como resultado, nuestros equipos y procesos sufrieron.

Algunos de nuestros hallazgos incluyeron:

▶ Gracias a la introducción de TPM y centrándonos cada día en mejorar el rendimiento y la calidad, la eficacia general del equipo (OEE) mejoró de una tasa del 82 % a un promedio del 92 %. A medida que el enfoque se desplazó hacia cumplir con los estándares ISO 9000, el OEE se redujo al 85 %, una enorme pérdida de productividad.

▶ Las reuniones diarias del equipo en la línea de frente tenían una tasa de asistencia del 100 % y generaban cientos de iniciativas de mejora. A medida que el enfoque cambió hacia el logro de ISO 9000, la participación en las reuniones diarias se redujo en un 50 %. Ahora, la mitad de los miembros del equipo dedicaban más tiempo al nuevo programa ISO y menos a resolver los desafíos operativos normales. Como resultado, los equipos experimentaron un resurgimiento de los problemas de calidad y pérdidas de productividad.

▶ Los accidentes de seguridad también aumentaron coincidiendo con las pérdidas en OEE. A medida que disminuía la productividad, se requerían más "manos a la obra".

Lamentablemente, estos ajustes manuales provocaron más lesiones en manos y brazos.

Nuestro equipo de liderazgo se unió para comprender qué había salido mal y crear un plan de acción para evitar recaídas en el futuro. Determinamos que nuestro equipo de liderazgo se había centrado principalmente en lograr el requisito inmediato: el sabor del mes. Nos habíamos centrado en los resultados y estábamos orgullosos de alcanzar nuestros objetivos.

Lo que aprendimos

Los líderes nos dimos cuenta de que nos habíamos alejado de la visión y los objetivos a largo plazo de nuestra organización. Cuando se anunció una nueva prioridad, se abandonaron los regímenes necesarios para mantener los logros del pasado. Saltamos con entusiasmo para abordar el último desafío. *Creímos incorrectamente que las mejoras serían autosuficientes, que las personas podrían mantenerse enfocadas en todos los frentes, Y ESTÁBAMOS EQUIVOCADOS.*

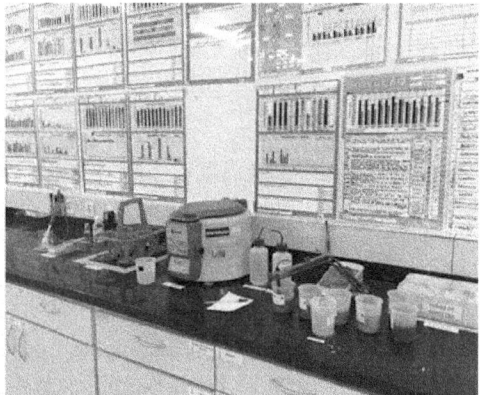

Cuidado con el "sabor del mes". Nunca pierda de vista la visión y los objetivos a largo plazo de su organización.

En nuestra búsqueda de "alcanzar nuestros números", habíamos olvidado el "Propósito" y el "Por qué" estábamos buscando mejorar los sistemas. Por lo tanto, estábamos creando una cultura que era excelente para lograr las prioridades actuales, pero que fallaba en sostener y nutrir los comportamientos y las mejores prácticas necesarias a largo plazo.

Lecciones para compartir: la importancia de mantener un enfoque láser sobre la visión y los objetivos a largo plazo de la organización. Cuando se centra demasiada atención en una iniciativa, otras a menudo sufren. Mantener esta perspectiva disminuirá la necesidad de perseguir el sabor del mes y canalizar energías en el panorama general.

SECCIÓN 5

APRENDER Y LIDERAR

SOLUCIONES
TECNOLOGÍA
CIENCIAS
INNOVACIÓN
HABILIDADES
SABIDURÍA
EXPERIENCIA

APRENDER
Y LIDERAR

SISTEMA CONTINUO
COMPETENCIA
PROCESOS
STRATEGIA
MEJORAS
PRÁCTICA
LIDERAZGO

APRENDIZAJE CONTINUO PARA LÍDERES DE MEJORA CONTINUA

"Su vehículo de liderazgo se alimenta de su voluntad de aprender. ¡No puedes liderar si no puedes aprender!"

Israelmore Ayivor,
Autor y escritor inspirador

E l ritmo cada vez más acelerado y la importancia del cambio tecnológico pueden ser desestabilizadores. Incluso mientras escribimos este capítulo, reconocemos que las estadísticas que citamos y las proyecciones que hacen los expertos probablemente queden obsoletas incluso cuando la tinta se seque.

Lo que está ocurriendo no tiene precedentes históricos y, en última instancia, afectará a todo tipo de organizaciones y sus miembros aquí y en todo el mundo.

Prácticamente todos los CEOS (90 por ciento) creen que su empresa se enfrenta a un cambio disruptivo impulsado por las tecnologías digitales, y el 70 por ciento dice que su organización no tiene las habilidades para adaptarse. Esta duda refleja el hecho de que las habilidades se están volviendo obsoletas a un ritmo acelerado. La ingeniería de Software, por ejemplo, es un campo muy dinámico que requiere aprendizaje continuo y adaptación a nuevas tecnologías, programación de lenguajes, estructuras y mejores prácticas. Los profesionales de marketing, ventas, fabricación, derecho, contabilidad y finanzas informan demandas similares.[62]

Nuestro desafío, como líderes de MC, es anticipar y explotar los nuevos avances tecnológicos de una manera que permita a nuestras organizaciones prosperar y crecer.

Para apreciar el alcance y la velocidad a la que se está produciendo el cambio tecnológico, basta con mirar algunos que están remodelando nuestras vidas.

▶ Internet y Era Digital

▶ Conocimiento Humano

▶ Internet de las cosas (IoT)

▶ Inteligencia Artificial (IA)

El ritmo del cambio y la amenaza de disrupción crean enormes oportunidades

— Steve Case - CEO Revolution LLC

Internet e Inteligencia Artificial

Internet es un sistema global de redes informáticas interconectadas que utiliza el conjunto de protocolos de Internet para comunicarse entre redes y dispositivos. Es una red de redes que consta de redes privadas, públicas, académicas, empresariales y gubernamentales de alcance local a global, unidas

---

[62] Bill Pelster, Dani Johnson, Jen Temple, Benard van der Vyver. "Careers and Learning: Real Time, All the Time." Deloitte Insights. February, 2017. https://www2.deloitte.com/us/en/insights/focus/human-capital-trends/2017/learning-in-the-digital-age.html

por una amplia gama de tecnologías de redes electrónicas, inalámbricas y ópticas.

Internet transporta una amplia gama de recursos y servicios de información, como los documentos de hipertexto interconectados y las aplicaciones de la World Wide Web (WWW), el correo electrónico, la telefonía y el intercambio de archivos. Wikipedia

En octubre de 2023, de los 8.100 millones de personas que había en el mundo, ¡aproximadamente 5.300 millones de personas tenían acceso a Internet! Esto equivale al 65,7 por ciento de la población mundial. De este total, 4.950 millones, o el 61,4 por ciento de la población mundial, eran usuarios de redes sociales[63]

El impacto de que más de dos tercios de la población mundial total tenga acceso a comunicaciones instantáneas e información ilimitada está desencadenando cambios trascendentales que continuarán a lo largo de nuestras vidas. Aunque esta tecnología no está distribuida de manera uniforme, los mismos beneficios y desafíos se extienden a todos los rincones del mundo.

Incluso en entornos remotos, las personas tienen acceso a Internet a través de computadoras personales, teléfonos u otros dispositivos móviles. Este acceso aumenta dramáticamente la utilización y el impacto de Internet en todo el mundo en desarrollo.

---

[63] J. Clement. Statistica. June, 2020.
https://www.statista.com/statistics/617136/digital-population-worldwide/

Uso global de Internet

Internet, que conecta a miles de millones de personas en todo el mundo, es un pilar fundamental de la sociedad de la información moderna. El norte de Europa ocupó el primer lugar entre las regiones del mundo por la proporción de población que utilizó Internet en 2023. En Noruega, Arabia Saudita y los Emiratos Árabes Unidos, el 99 por ciento de la población utilizó Internet en abril de 2023. Corea del Norte estaba en el lado opuesto. extremo del espectro, sin prácticamente ninguna penetración del uso de Internet entre la población general, ubicándose en el último lugar a nivel mundial.

La era digital

La Era Digital o de la Información, como también se la conoce, es este periodo histórico en el que vivimos desde mediados del siglo XX. Esta era ha estado marcada por un cambio gradual de las industrias manufactureras pesadas tradicionales, como la fabricación de acero, maquinaria agrícola, textiles, producción de automóviles, etc., a industrias de servicios y tecnología como la salud, las finanzas, la ingeniería, la recreación, los servicios de custodia y las computadoras[64]. Este paso a la era digital fue posible gracias al uso generalizado de la lógica digital, los transistores, los chips de circuitos integrados y sus tecnologías derivadas, incluidas las computadoras, los microprocesadores, los teléfonos móviles digitales e Internet. Estas innovaciones tecnológicas han transformado las técnicas tradicionales de producción y negocios.[65]

---

[64] Encyclopedia.com

[65] Wikipedia

Países con las poblaciones digitales más grandes del mundo a enero de 2023, (en millones) Statista

País	Millones
China	1,050
India	692
Estados Unidos	311.3
Indonesia	212.9
Brasil	181.8
Rusia	127.6
Nigeria	122.5
Japón	102.5
México	100.6
Filipinas	85.16
Egipto	80.75
Vietnam	77.93

Asia albergaba el mayor número de usuarios en línea en todo el mundo: más de 2.930 millones según el último recuento. Europa ocupó el segundo lugar, con alrededor de 750 millones de usuarios de Internet. China, India y Estados Unidos se sitúan por delante de otros países del mundo en cuanto al número de usuarios de Internet.

"Explosión" del conocimiento humano

Junto a este cambio sísmico de la Era Industrial a la Era Digital, se estaba produciendo otro tsunami tecnológico gracias a la expansión y el intercambio del conocimiento humano. En 1982, el futurista e inventor Buckminster Fuller creó "La curva de duplicación del conocimiento". Fuller estimó que hasta 1900, el conocimiento humano se duplicaba aproximadamente cada 100 años. Desde entonces, cada década ha eclipsado esa tasa de crecimiento. En 1950, ¡la tasa de conocimiento humano se duplicaba aproximadamente cada 25 años! [66]

---

[66] Buckminster

La era digital acelera el intercambio de conocimientos

El Dr. Tim Sandle, escritor científico y periodista de Science/AAAS explicó: "Desde el final de la Segunda Guerra Mundial, gracias al avance de las nuevas tecnologías, la mejora de las comunicaciones y el amanecer de la era digital, el desarrollo y el intercambio de conocimientos se han desarrollado en todo el mundo, ampliamente expandido". Reconociendo que diferentes tipos de conocimiento tienen diferentes tasas de crecimiento, Sandle presentó la siguiente duplicación de las estimaciones del conocimiento:

1900	Cada 100 años
1950	Cada 25 años
2000	Cada año
2020	Todos los días
Predicho por IBM	Cada 12 horas

* ¡La construcción del "Internet de las cosas" conducirá a la duplicación del conocimiento cada 12 horas!

Aún está por determinarse cómo afectará este titánico estallido de conocimiento a las organizaciones y la sociedad; sin embargo, esta rápida expansión y el intercambio de conocimientos a través de Internet ofrece un potencial para resolver muchos de los desafíos y misterios actuales.

Internet de las cosas (IoT)

El Internet de las cosas (IoT) se refiere a una red de dispositivos físicos, vehículos, electrodomésticos y otros objetos físicos que están integrados con sensores, software y conectividad de red que les permite recopilar y compartir datos. Estos dispositivos, también conocidos como "objetos inteligentes", pueden variar desde simples dispositivos "domésticos inteligentes", como termostatos inteligentes, hasta dispositivos portátiles como relojes inteligentes y ropa con RFID, hasta complejas maquinarias industriales y sistemas de transporte. IBM

Agregue el Internet de las Cosas (IoT) a nuestra nueva realidad. El IoT se refiere a todos los dispositivos que se conectan a Internet y/u otros dispositivos. Por ejemplo, su computadora, teléfono inteligente, vehículo, cafetera, timbre óptico, dispositivos portátiles, casi cualquier cosa que pueda imaginar puede, a través de una conexión WI-FI, conectarse de una manera que proporcione datos y contribuya al conocimiento humano.

Por ejemplo, Google Maps y Waze, aplicaciones de navegación populares, recopilan información como áreas de construcción, congestión, colisiones y controles de velocidad de los viajeros que utilizan estas aplicaciones o el GPS (Sistema de Posicionamiento Global) de su vehículo mientras conducen. Luego, esta información se transmite instantáneamente a otros viajeros que quizás aún no hayan partido hacia su destino.

> "IoT es una tecnología emergente que está en el camino de un rápido crecimiento. Los automóviles, los bienes y servicios, los sensores, los bienes de consumo duraderos y los componentes industriales y de servicios públicos, entre otros, están ahora alineados con Internet y las capacidades de análisis de datos, lo que está transformando la forma en que las personas trabajan, viven y piensan". Las proyecciones son: "para 2025 se instalarán más de 100 mil millones de dispositivos conectados a IoT, lo que generará ingresos cercanos a los 10 billones de dólares".

Matthew Evans, jefe del programa IoT en techUK, explicó en un artículo de WIRED de Matt Burgess: "Al combinar estos dispositivos conectados con sistemas automatizados, es posible recopilar información, analizarla y crear una acción para ayudar a alguien con una tarea particular. o aprender de un proceso. IoT nos ofrece la oportunidad de ser más eficientes en la forma en que hacemos las cosas, ahorrándonos tiempo, dinero y, a menudo, emisiones en el proceso; permite a las empresas, los gobiernos y las autoridades públicas repensar cómo prestan servicios y producen bienes". [67]

Internet de las cosas (IoT)

La Inteligencia Artificial (IA) es un campo de la informática que se centra en la creación de máquinas que puedan realizar tareas que normalmente requerirían inteligencia humana. La IA abarca una amplia gama de técnicas y enfoques, pero en esencia implica la creación de algoritmos y modelos que permitan a las máquinas aprender de los datos, razonar y tomar decisiones. Británica

(La descripción de la Inteligencia Artificial y los usos potenciales que se enumeran a continuación son una recopilación de varios proveedores y fuentes de IA. Debido a que esta aplicación de la informática es nueva y está en constante evolución, aún no se han descubierto predicciones precisas de su uso e impacto).

Los Profesionales

La IA se puede utilizar para resolver problemas, hacer predicciones y automatizar tareas. Este campo en rápido crecimiento tiene el potencial de revolucionar la forma en que vivimos y trabajamos.[68]

Los desarrolladores afirman que la IA se puede utilizar en muchos campos diversos, como la atención sanitaria, las finanzas, la fabricación, el transporte, la agricultura y muchos otros. Por ejemplo:

---

[67] Matt Burgess. "What is the Internet of Things? *WIRED*. February 16, 2018.

[68] Forbes

► **Salud:** Investigación, administración y capacitación, salud pública, diagnosticar enfermedades y desarrollar planes de tratamiento personalizados, reducir cirugías, involucrar al paciente, medicina remota, atención hospitalaria.

► **Finanzas:** Detectar fraude, gestionar riesgos, tomar decisiones de inversión, cobro de deudas, cumplimiento normativo y atención al cliente.

► **Fabricación:** ayudar a los fabricantes con mantenimiento predictivo, diseño generativo, previsión de precios, control de calidad, robótica, optimización de la cadena de suministro, gestión de inventario e investigación y desarrollo.

► **Transporte:** optimizar el flujo de tráfico, mejorar la seguridad, reducir las emisiones de carbono, predicciones de entrega, vehículos autónomos.

► **Agricultura**: predecir el comportamiento de la cadena de suministro y la demanda de los clientes, identificar patrones climáticos macroeconómicos, monitoreo de cultivos, deshierbe y cosecha automáticos, mapeo y predicción de rendimiento, seguimiento: suelo, cultivos y salud animal.

Los Contras

Si bien la IA presenta grandes oportunidades, también existen varias consecuencias y preocupaciones asociadas con ella. Por ejemplo:

► **Pérdida de empleos:** la IA puede reemplazar a los trabajadores humanos en muchas tareas, especialmente aquellas que son repetitivas, rutinarias o poco calificadas.

► **Sesgo causado por datos incorrectos**: los sistemas de IA dependen de datos para aprender y tomar decisiones, pero si los datos son incompletos, inexactos o sesgados, los resultados de la IA también pueden ser defectuosos o discriminatorios.

► **Violaciones de privacidad:** la IA puede recopilar, analizar y utilizar grandes cantidades de datos personales, como comportamiento en línea, ubicación, salud o datos biométricos.

▶ **Falta de creatividad y empatía humanas**: la IA puede desempeñarse bien en tareas que tienen reglas y objetivos claros, pero puede tener dificultades con tareas que requieren creatividad, imaginación o inteligencia emocional.

▶ **IA autoconsciente e incontrolable**: la IA puede llegar a ser potencialmente autoconsciente, autónoma y superinteligente, superando la inteligencia y las capacidades humanas.

A pesar de estas preocupaciones, la IA parece tener potencial para generar muchos beneficios en la próxima década. Sin embargo, es importante garantizar que el desarrollo de la IA se realice de manera ética y responsable.[69]

¿Cómo podemos prepararnos?

Estos asombrosos avances tecnológicos están remodelando nuestro mundo. Es imposible predecir los cambios específicos que generarán las nuevas tecnologías en su industria y organización. Sin embargo, como líderes experimentados de MC, sabemos lo que debemos hacer para prepararnos:

▶ Aceptar que el cambio es seguro y que todas las organizaciones e industrias se ven afectadas.

▶ Reconocer que el impacto de la tecnología suele ser impredecible.

▶ Actualizar constantemente nuestras habilidades y conocimientos.

▶ Ayudar a nuestras organizaciones a comprender y adaptarse a los cambios.

---

[69] forbes.com2. rockcontent.com3. tableau.com

▶ Prepararnos y equiparnos adoptando un estilo de vida de aprendizaje continuo.

Aprendizaje continuo versus aprendizaje tradicional

Las corporaciones y organizaciones han brindado oportunidades de aprendizaje a los empleados durante décadas. Muchas organizaciones ofrecen estipendios o reembolsos de matrícula al personal que toma cursos alineados con su empleo. Para el empleado y el empleador, tiene sentido.

Pero hay una gran diferencia entre hacer un curso y comprometerse con el aprendizaje continuo. La motivación para tomar clases relacionadas con el trabajo generalmente está ligada a oportunidades de promoción o un nuevo trabajo, mientras que el aprendizaje continuo es una filosofía más personal sobre nuestro enfoque del trabajo y la vida.

El aprendizaje continuo es la búsqueda incesante de buscar nueva información y expandir nuestro conjunto de habilidades a través de la educación, la capacitación, el estudio, la experiencia, el seguimiento de las tendencias de la industria, la identificación de las mejores prácticas, el intercambio de conocimientos, la creación de redes relacionadas con el trabajo, los estudios de casos, las publicaciones en blogs, los podcasts, redes sociales, etc

A lo largo de nuestra vida laboral, como defensores de la mejora continua, *debemos mirar hacia adelante* y buscar e identificar los cambios que ocurren tanto cerca como lejos y que ofrecen oportunidades de mejora para nuestras organizaciones.

Con el mismo enfoque y compromiso que introducimos nuevos métodos y habilidades en nuestras organizaciones, debemos aplicar un enfoque similar para mejorar nuestro aprendizaje y competencias individuales. Para seguir siendo miembros relevantes y valiosos, los Líderes de MC deben generar continuamente mejoras incrementales en nosotros mismos que se traduzcan en una ventaja competitiva para nuestra organización. La búsqueda incansable de nueva información y la expansión de nuestras habilidades modela el comportamiento que buscamos en los demás y es consistente con nuestras creencias y aspiraciones de mejora continua.

La mejora continua depende de nosotros

A lo largo de nuestras carreras en MC, la demanda de adquirir constantemente nuevos conocimientos y habilidades fue interminable. Este compromiso con el aprendizaje continuo requiere automotivación y hambre para descubrir e implementar nuevas ideas, para ampliar los límites. Requiere un compromiso singular para estar constantemente atento a los cambios en los métodos, las habilidades, la tecnología, la investigación, las herramientas, la educación y la capacitación. Ahora, como siempre, siempre hay más para saber y aprender.

Hubo un momento en que nos sentimos mal diciendo: "Si hubiéramos sabido el año pasado, lo que sabemos ahora, podríamos haber sido más útiles para nuestro cliente". Recientemente concluimos que *cuando ya no podamos hacer esa afirmación, habremos dejado de aprender.*

"La capacidad de aprender es un don; la habilidad de aprender es una talento."

La voluntad de aprender es una elección.
Brian Herbert
El premio Shingo

PENSAMIENTOS FINALES

"Una organización, sin importar qué tan bien diseñada, es tan buena como las personas que viven y trabajan en ella".

Dee Ward Hock,
fundador de la asociación de tarjetas de crédito Visa

Comenzamos este libro presentando el dilema que enfrentamos al trabajar con dos sitios de trabajo aparentemente idénticos, que experimentaron resultados muy diferentes. Resolver este "rompecabezas" fue el impulso de este libro con el objetivo de proporcionar a los líderes de MC una mayor comprensión de las claves necesarias para crear una cultura de mejora exitosa y sostenible. Para ello, compartimos las lecciones que hemos aprendido a través de la educación, la experiencia, el ensayo y error, los consejos de los demás y la perseverancia.

En el capítulo "Raíces", presentamos ciertos aspectos del cambio organizacional que son fundamentales para el éxito de los esfuerzos de cambio. Consideramos que estos componentes básicos complementan lo que ya sabe, puede haber aprendido a través de sus experiencias y/o puede agregarse a su base de conocimientos. El contenido de "Raíces" puede parecer elemental o intrascendente, sin embargo, lo hemos encontrado vital para la comprensión del "cambio" que todo líder de MC debe comprender.

El capítulo "Cinco claves" identifica los factores vitales que marcan la diferencia entre el éxito y el fracaso en las iniciativas de mejora continua. En esta introducción a los principios clave, mostramos cómo establecer cada uno de los factores y nutrir el elemento más esencial de las iniciativas de mejora exitosas: las personas.

En el capítulo "Soluciones", proporcionamos herramientas útiles para abordar los desafíos cotidianos y orientación para resolver los problemas comunes que enfrentará. Todos los que nos dedicamos a este tipo de trabajo nos encontramos con resistencias y contratiempos de todo tipo, y teniendo un arsenal de posibles acciones correctivas, podemos eliminar algunos de los baches del camino.

La siguiente sección se llama "Comparta su historia". Reclutamos a cinco colegas muy respetados, que han trabajado en situaciones muy diferentes, para compartir lecciones aprendidas consecuentes.

Por último, echamos un vistazo a cómo la tecnología está remodelando nuestro mundo más rápido en más formas que en cualquier otro momento de la historia humana. Esta volatilidad afectará a su organización. La necesidad de mejora continua solo aumentará a medida que las organizaciones se enfrenten a una competencia global cada vez mayor y la introducción de avances tecnológicos.

La única constante

Por inquietante que pueda ser saber que el cambio nos llega más rápido y de forma más impredecible desde todas las direcciones, podemos animarnos al saber que las lecciones contenidas en este libro serán ciertas.

Si bien las nuevas tecnologías y las iniciativas comerciales seguirán siendo volátiles e impactarán continuamente en nuestras organizaciones, las cinco claves presentadas en este libro han demostrado ser atributos comprobados para afrontar con éxito cada nuevo reto. El trabajo de los líderes, el compromiso de los colegas, la alineación en torno a los objetivos, la responsabilidad de los miembros y los recursos para realizar el trabajo son los mismos elementos necesarios que se encuentran en las organizaciones exitosas a lo largo de la historia. Y cada uno de estos elementos tiene un impacto directo y consecuente en la ecuación humana.

Vivimos en una época en la que el valor y el impacto de "las personas en las organizaciones" se subestiman y se dan por sentado. Muchos han llegado a creer que el éxito espera en la última tecnología nueva, nuevos productos, nuevas herramientas, nuevos sistemas, cualquier cosa nueva, olvidando que la adopción y aplicación exitosa de cada nuevo "avance" depende del elemento humano, cómo se adopta y es aplicado.

Independientemente del tipo de organización en la que esté liderando los esfuerzos de MC (servicio, fabricación, comercialización, tecnología, médica, gubernamental, sindical, sin fines de lucro, etc.) y sin importar los desafíos que enfrenta su organización, el denominador común para lograr afrontar estos retos seguirá siendo el factor humano.

Usted y sus colegas siempre serán los actores esenciales que convierten la estrategia en acciones y brindan valor a sus partes interesadas. *Las personas de su organización son los principales catalizadores del éxito.*

BIBLIOGRAFÍA

2014, Deloitte - Global Human Capital Trends. 2014. Engagomg tje 21st Centure Workforce. Accessed July 11, 2020. https://www2.deloitte.com/content/dam/Deloitte/ar/Documents/human-capital/arg_hc_global-human-capital-trends-2014_09062014%20(1).pdf.

Andrew Robertson, Nate Dvorak, Jennifer Robinson. 2019. Five Ways to Promote Accountability. June 19. Accessed September 23, 2019. https://www.gallup.com/workplace/257945/ways-create-company-culture-accountability.aspx.

Associates, Dannemiller Tyson. 2000. Whole-Scale Change - Unleashing the Magic in Organizations. San Francisco: Berrett - Koehler.

Atkinson, Gary Devlin - Phil. 2017. The Benefits of a Culture of Trust. January. Accessed July 22, 2020. https://www.scott-moncrieff.com/assets/publications/The_Benefits_of_a_Culture_of_Trust_-_a_report_by_Scott-Moncrieff.pdf.

Aurik, Martijn. 2017. Businesses waste $37 billion on ineffective meetings every year. What's your share? July 13. Accessed May 10, 2020. https://www.getminute.com/ineffective-meetings/.

Bill Pelster, Dani Johnson, Jen Temple, Benard van der Vyver. 2017. Careers and Learning: Real Time, All the Time. February 28. Accessed August 10, 2019. https://www2.deloitte.com/us/en/insights/focus/human-capital-trends/2017/learning-in-the-digital-age.html.

Bukminster, Fuller R. 1981. *Critical Path*. New York: St. Martin's Press.

Burgess, Matt. 2018. What is the Internet of Things. February 16. Accessed February 1, 2020. https://www.wired.co.uk/article/internet-of-things-what-is-explained-iot.

CBC News. Archived from the original on June 9, 2007. Retrieved May 29, 2007. n.d. CBC News. Archived from the original on June 9, 2007. Retrieved May 29, 2007.

Chakarova, Vessela and others. 2013. Federal Reserve History. November 22. Accessed 2020. https://www.federalreservehistory.org/essays/oil_shock_of_1978_79.

Clement, J. 2020. Statista. June 4. Accessed July 22, 2020. https://www.statista.com/statistics/617136/digital-population-worldwide/.

Congress, American Experience - Library of. n.d. The Rise of American Consumerism. Accessed November 2019. pbs.org/value.

Crabtree, Steve. 2013. Gallup - World. October 13. Accessed June 10, 2017. https://news.gallup.com/poll/165269/worldwide-employees-engaged-work.aspx.

Dishman, Lydia. 2018. The complicated and troubled history of the annual performance review. November 7. Accessed August 28, 2020.

https://www.fastcompany.com/90260641/the-complicated-and-troubled-history-of-the-annual-performance-review.

Drucker, Peter. 2001. *The Essential Drucker*. New York: Harper Business.

Equitable Food, 2019. EFI's Worker Engagement Model Creates Positive Outcomes for Growers - Shippers. November 12. Accessed September 2, 2020. https://equitablefood.org/latest-news/two-year-study-quantifies-equitable-food-initiative-program-effectiveness/.

"Farmworker Health Fact Sheet." NCFH Inc. . September. Accessed July 9, 2020. http://www.ncfh.org/uploads/3/8/6/8/38685499/fs-migrant_demographics.pdf.

Farmworkers, SAF - Student Action with. 2020. United StatesFarmworker Factsheet. August 27. Accessed August 27, 2020. https://saf-unite.org/content/united-states-farmworker-factsheet.

Fechtman, Dave. 2018. The Three Guiding Principles for Creating an Intentional Culture. January 26. Accessed September 29, 2020. https://www.forbes.com/sites/forbescoachescouncil/2018/01/26/the-three-guiding-principles-for-creating-an-intentional-culture/.

Foster, Carrie. 2012. Organization Development. Septermber 10. Accessed July 4, 2020. http://organisationdevelopment.org/the-theorists-richard-beckhard/.

Gillis, Mergy, Shalleck. 2013. Beliefs, Behaviors & Results - The Chief Executive's Guide to Delivering Superior Shareholder Value. Austin, TX: Greenleaf Book Group Press.

Grand View Research. 2018. Market Analysis Report. U.S. Fruit & Vegetable Market Size, Share and Trends Analysis Report, San Francisco: same.

_____. 2018. U.S. Fruit & Vegetables Market Zize and Trends Analysis Report. Market Analysis Report, San Francisco: Grand View Research.

Hammer, James A. Chanpy & Michael M. 1993. *Reengineering the Corporation*. New York: Harper Collins - Business.

Hanke, Stacey. 2018. Three Steps to Overcoming Resistance. August 14. Accessed July 29, 2020. https://www.forbes.com/sites/forbescoachescouncil/2018/08/14/three-steps-to-overcoming-resistance/#7b97ec485eae.

Harter, Jim. 2018. Employee Engagement on the Rise in U.S. August 26. Accessed July 11, 2020. news.gallup.com/poll/241649employee-engagement-rise.aspx.

Haspel, Tamar. 2017. *Washington Post*. March 17. Accessed July 9, 2020. https://www.washingtonpost.com/lifestyle/food/in-an-immigration-crackdown-who-will-pick-our-produce/2017/03/17/.

Industry, Training. 2019. The Leadership Training Market.
    March 28. Accessed July 10, 2020.
    https://trainingindustry.com/wiki/leadership/the-
    leadership-training-market/.

Initiative, Equitable Food. 2020. Bringing Everyone to the
    Table to Transform Agriculture. Accessed July 10, 2020.
    https://equitablefood.org/.

—. 2020. EFI Standards. Accessed July 11, 2020.
    https://equitablefood.org/efi-standards.

Institute, Stastic Brain Research. 2017. Startup Business
    Failure By Industry . May 5. Accessed July 10, 2020.
    https://www.statisticbrain.com/startup-failure-by-
    industry/.

International, Weight Watchers. 2017. 2016 Annual Report.
    Form 10K, Washington, DC: United States Securities and
    Exchnge Commission.

Jansen, Rudi. 2019. If you are too busy to build good
    systems you'll always be too busy. February 22.
    Accessed December 12, 2019.
    https://www.rudijansen.com/too-busy-to-build-good-
    systems/.

KaiNexus. 2020. The ROI of Continuous Improvement.
    Accessed July 10, 2020. https://www.kainexus.com/roi-
    of-continuous-improvement.

Kaplan, Dacid P. Norton & Robert S. 1996. *The Balanced
    Scorecard*. Cambridge: Harvard Business Press.

Kathleen Stansberry, Janna Anderson, Lee Raine. 2019. The Internet Will Continue to Make Life Better. October 28. Accessed February 15, 2020. https://www.pewresearch.org/internet/2019/10/28/4 -the-internet-will-continue-to-make-life-better/.

Kettell, Steven. 2007. *Encyclopedia Britannica.* https://www.britannica.com/topic/oil-crisis.

Kotter, John P. 2012. *Leading Change.* Brighton, MA: *Harvard Business Review Press.*

—. 2013. When CEOs Talk Strategy, 70% of the Company Doesn't Get It. July 9. Accessed November 12, 2018. https://www.forbes.com/sites/johnkotter/2013/07/09 /heres-why-ceo-strategies-fall-on-deaf- ears/#1c1f85753663.

Koulopoulos, Thomas. 2018. INC. Performance Reviews are Dead. Here's what you should do instead . February 25. Accessed August 30, 2020. https://www.inc.com/thomas-koulopoulos/performance- reviews-are-dead-heres-what-you-should-do- instead.html.

Leith, Jack Martin. 2019. "70% of Organizational Change Initiatives Fail" Fact or Fiction. Accessed March 13, 2020. http://jackmartinleith.com/70-percent-change- failure-rate/.

Lewis, Josh. 2008. Big Three Auto CEO's Flew Private Jets to Ask for Taxpayers Money. November 19. Accessed April 11, 2019. https://www.cnn.com/2008/US/11/19/autos.ceo.jets/.

Lewis, Michael. 2003. *Moneyball: The Art of Winning an Unfair Game*. New York: W.W. Norton & Co.

Lovecraft, H.P. 1973. *Supernatural Horror in Lituature*. Dover Publications. (Mineola, NY: Dover Publishing.)

Mann, Ben Wigert and Annamarie. 2017. Give Performance Reviews that actuall inspire employees. September 25. Accessed August 28, 2020. https://www.gallup.com/workplace/236135/give-performance-reviews-actually-inspire-employees.asp.

Mann, David. 2005. *Creating a Lean Culture*. New York: Productivity Press.

Mauboussin, Michael J. 2012. The True Measures of Success. Oct. Accessed July 15, 2019. https://hbr.org/2012/10/the-true-measures-of-success.

Milestones 1969-1976 Oil Embargo, 1973–1974. n.d. Office of the Historian. https://history.state.gov/milestones/1969-1976/oil-embargo.

Moore, Jeff. 2019. 101 on Digital Tranformation: What is it & How is it Reshaping Business? . August 21. Accessed July 10, 2020. https://www.bairesdev.com/blog/digital-transformation-reshaping-businesses.

Murray, W.H. 2002. *The Evidence of Things Not Seen: A Mountaineer's Tale*. London: Baton Wicks.

NCFH. 2018. "Farmworkers Health Fact Sheet." National Center for Farmworkers Health. April. Accessed July 9, 2020. http://www.ncfh.org/facts-about-agricultural-workers.html.

Neher, William. 1997. Organizational Communications: Challenges of Change, Diverscty and Continuity. Boston: Allyn & Bacon.

Payscale .com. 2018. Variable Pay Trends Into 2018: who gets it, what types and why. April 30. Accessed August 28, 2020. https://www.payscale.com/compensation-today/2018/04/variable-pay-trends#:~:text=While%20Individual%20performance%20is%20highly,team%20performance%20(40%20percent).

_____. 2017. Variable Pay: Is there a difference between a bonus and an incentive? June 30. Accessed August 28, 2020. http://www.payschle.com.compensation-today/2017/06/difference-bonus-incentive.

Rhee, Brian Ross & Joseph. 2008. Big Three CEO's Flew Private Jets to Plead for Public Funds. November 18. Accessed April 11, 2019. https://abcnews.go.com/Blotter/WallStreet/story?id=6285739&page=1.

Rogers, Everett M. 1962. Diffusion of Innovations. New York: Free Press.

Rozo, Gleeson -. 2013. The Silo Mentality: How to Break Down the Barriers - Forbes. October 2. Accessed July 5,

2020.
https://www.forbes.com/sites/brentgleeson/2013/10/
02/the-silo-mentality-how-to-break-down-the-
barriers/#49414b318c7e.

Sadove, Stephen, interview by Adam Bryant. 2010. Chief
Executive - Saks, Inc. (May 2010).

Salsburg, David. n.d. Course Hero - Texas A&M Univesity.
Accessed July 5, 2020.
https://www.coursehero.com/file/prdt5a/David-
Salsburg-wrote-He-was-known-for-his-kindness-to-and-
consideration-for/.

Samuelson, William, and Richard Zeckhauser. 1988 . "Status
Quo Bias in Decision Making." Journal of Risk and
Uncertainty vol. 1, no. 1, pp. 7-59.

Schein, Edgar H. 1985. *Organizational Culture ad
Leadership.* San Francisco: Josey-Bass.

Scott, Ryan. 2017. *Forbes.* June 1. Accessed January 15,
2019.
https://www.forbes.com/sites/causeintegration/2017/
06/01/employee-engagement-is-declining-
worldwide/#2a0f15eb34e2.

Smither, James W., and Manuel London. 2009. Performance
Management: putting research into action. San
Francisco: Josey-Bass.

Sorenson, Susan. 2013. How Employee Engagement Drives
Growth. June 20. Accessed July 11, 2020.

gallup.com/workplace/236927/employee - engagement - drives - growth.aspx.

Stephanie Farquhar, PhD,corresponding author Nargess Shadbeh, JD, Julie Samples, JD, Santiago Ventura, BS, and Nancy Goff, BS. n.d. "Occupational Conditions and Well-Being of Indigenous Farmworkers." PMC.

Tasler, Nick. 2017. Stop Using the Excuese 'Organizational Change is Hard' . July 19. Accessed June 10, 2019. https://hbr.org/2017/07/stop-using-the-excuse-organizational-change-is-hard.

Tavis, Peter Cappelli and Anna. 2016. The Performance Management Revolution. October. Accessed August 30, 2020. https://hbr.org/2016/10/the-performance-management-revolution.

The Business Dictionary. http://www.businessdictionary.com/definition/silo-mentality.html.

Tutt, Andrew. 2019. Imagining the Internet - A History and Forcast. October 28. Accessed Februaary 15, 2020. https://www.elon.edu/u/imagining/surveys/x-2-internet-50th-2019.

U.S. Bureau of Labor Statistics. 2019. Retail Sales Workers. Washington: U.S. Government.

_____. 2020. Retail Sales Workers. Occupational Outlook Handbook, Washington: U.S. Government.

U.S. Fruit & Vegetable Market Size, Share, Industry Report 2018-2025. Analysis, San Francisco: Grand View Research. 2018

Vinney, Cynthia. 2019. Status Quo Bias: What it meands and How it Affect Your Behavior. December 11. Accessed July 11, 2020. thoughtco.com/status-quo-bias-4172981.

Vlasic, Bill. 2009. Choosing Its Own Path, Ford Stayed Independant . April 8. Accessed May 6, 2019. https://www.nytimes.com/2009/04/09/business/09ford.html.

Web-Japan, Ministry of Foreign Affairs, Japan. n.d. Japanese Economy Ater World War II. Accessed 2019. http://factsanddetails.com/japan/cat24/sub155/item2800.html#chapter-3.

Wickens, Peter. 1995. *The Ascendant Organization*. London: Palgrave MacMillian.

Wood, Laura. 2017. Global Sensors in IoT Devices Market to Grow 26.91% by 2022 - IoT Connected Devices to Generate a Revenue of $10 Trillion - Research and Markets. March 2. Accessed January 11, 2020. https://www.businesswire.com/news/home/20170302005653/en/Global-Sensors-IoT-Devices-Market-Grow-26.91.

www.ingramcontent.com/pod-product-compliance
Lightning Source LLC
Chambersburg PA
CBHW060327200326
41519CB00011BA/1861